LE TEMPS DU DÉSIR

DU MÊME AUTEUR

AUX MÊMES ÉDITIONS

L'Ombilic et la Voix, *1974*
coll. «Le champ freudien»

Un parmi d'autres, *1978*
coll. «Le champ freudien»

Le Poids du réel, la souffrance, *1983*

La Chair envisagée, *1988*

L'Autre du désir et le Dieu de la foi, *1991*

DENIS VASSE

LE TEMPS DU DÉSIR

essai sur le corps et la parole

ÉDITIONS DU SEUIL
27, rue Jacob, Paris VIe

ISBN 2-02-003143-4

C'est Rabbi Nahman de Bratzlav qui nous rapporte cette pensée de son arrière-grand-père, le saint Baal-Shem-Tov : « Hélas ! hélas ! le monde est tout entier plein de mystères grandioses et de lumières formidables, que l'homme se cache avec sa petite main. »

Martin Buber
Les Récits hassidiques

INTRODUCTION

Le mot « désir » évoque l'homme. Il a des résonances multiples et contradictoires. Il est ce qui, en nous, a quelque chose à voir avec la violence de la passion et son incompréhensible source, avec la mystérieuse attirance de l'objet, avec la note de sérénité exquise qui marque d'un trait de feu le moment de son accomplissement. Le désir est comme le cœur et la couleur du temps de l'homme. Il bat la mesure de sa vie. Il la nuance d'une teinte particulière. Il s'articule, d'une part, à la Vérité et à l'Etre. « Il est l'essence elle-même de l'homme dans la mesure où on la conçoit comme déterminée à accomplir un acte quelconque[1]*. » Il rend possible, d'autre part, l'appréhension de la chose ou de la personne qu'il vise à travers et au-delà de la représentation que l'homme s'en fait. Dans le* je t'aime *dont il fait son support dans le discours du monde, il est le* verbe *qui lie et sépare le sujet de l'objet, la* parole *qui fait surgir le silence de l'Etre dans le bruit du temps et de l'espace. Il est le ressort qui permet à l'homme de prendre en charge son existence. Il est l'être de la pensée. « La pensée est, écrit Heidegger ; cela signifie : l'Etre a, selon sa destination et conformément à son savoir-faire, pris charge de son essence. Prendre charge d'une « chose » ou d'une « personne » dans leur essence, c'est les aimer : les désirer*

1. Baruk Spinoza, *Ethique,* Flammarion, 1938, p. 194.

(mögen : *les pouvoir et les vouloir en les désirant). Ce désir signifie, si on le pense plus originellement : don de l'essence. Un tel désir est l'essence propre du pouvoir qui peut non seulement réaliser ceci ou cela, mais encore faire « apparaître » quelque chose dans sa provenance, c'est-à-dire faire être (laisser être). Le pouvoir du désir est cela, « grâce » à quoi une chose peut proprement être. Ce pouvoir est proprement le « possible », cela même dont l'essence repose dans le désir. De par ce désir, l'Etre peut la pensée. Il la rend possible. L'Etre en tant que désir-qui-s'accomplit-en-pouvoir est le « possible ». Il est, en tant qu'il est l'élément, la « force calme » du pouvoir aimant, c'est-à-dire du possible*[1]. »

Le désir est la force d'éclatement de l'Etre dans la pensée et le discours du monde. Il est la trame de toute révolution et de toute conversion, le fil conducteur qui, dans notre dire, « *permet de conquérir les structures d'être de l'étant que rencontrent nos interpellations et nos discours*[2] ». *A tous les étages de l'activité humaine, il est le mouvement d'allégresse et d'angoisse qui marque l'exultation sereine de l'esprit. En ce sens, il n'est pas réductible au pur besoin animal qui s'évanouit dans la satisfaction gavée. Il ouvre dans le champ du* besogneux *nécessaire un autre champ, radicalement différent, celui de la création. Il est de l'ordre de l'humaine gastronomie qui n'est pas réductible à la fonction alimentaire : « Aussi haut qu'on puisse remonter, la valeur gastronomique prime la valeur alimentaire et c'est dans la joie, et non dans la peine, que l'homme a trouvé son esprit. La conquête du superflu donne une excitation plus spirituelle que la*

1. M. Heidegger, *Lettre sur l'humanisme*, Aubier, 1957, p. 33-35. Plus loin, l'auteur ajoute : « Quand je parle de la « force calme du possible », je n'entends pas le possible d'une *possibilitas* non représentée, non plus que la *potentia* comme *essentia* d'un *actus* de l'*existentia*, mais l'Être lui-même qui, désirant, a pouvoir sur la pensée et par là sur l'essence de l'homme, c'est-à-dire sur la relation de l'homme à l'Etre. Pouvoir une chose signifie ici la garder dans l'essence, la maintenir dans son élément. »

2. M. Heidegger, *L'Etre et le Temps*, Gallimard, 1964, p. 42.

conquête du nécessaire. L'homme est une création du désir, non pas une création du besoin[1]*.* » *Lors d'une interview télévisée, G. Bachelard, l'auteur de ces lignes, interrogé sur la voie d'accès à la vie de l'esprit, demandait, en guise de réponse, à son jeune interlocuteur s'il savait* « *choisir une viande chez le boucher* ». *Evaluer la saveur d'un morceau dans l'élaboration d'un savoir savant ou subtil, voilà l'acte humain par excellence qui ordonne le besoin contraignant et limité de l'homme à l'exercice de ses sens et au surgissement de son désir dans le goût. Voilà aussi son malheur : en utilisant la chose, il ne s'en satisfait jamais. Il est tendu, dans l'expérience de la possession du monde, vers l'Etre qu'il croit être et dont l'activité transcende toujours les limites du monde dont il fait pourtant partie.* « *Combien est préférable l'existence des mouches et des oiseaux, livrés au hasard et à l'instinct naturel autant que le permet l'embûche des hommes ! Mis en cage par eux et instruits à imiter leur voix, les oiseaux perdent étrangement de leur beauté native. Tant l'emportent sur les défigurations de l'Art les ouvrages de la Nature ! Aussi ne louerai-je jamais assez ce coq qui faisait le Pythagore en ses métamorphoses : ayant été tout : philosophe, homme, femme, roi, particulier, poisson, cheval, grenouille, et, je crois même, éponge, il jugeait que l'homme était le plus calamiteux des animaux, parce que tous acceptent de vivre dans les limites de leur nature, tandis que seul il s'efforce de les franchir*[2]*.* »

Le franchissement de la limite qu'en sa verve Erasme pointe comme la caractéristique de l'homme, le confronte à la Mort, au Désir et à la Loi que la problématique moderne articule en y reconnaissant, non le contenu du Savoir, mais « *les conditions de possibilité de tout savoir sur l'homme*[3] ». *Grâce à Freud et à la psychanalyse, nous*

1. Gaston Bachelard, *Psychanalyse du feu*, Gallimard, 1949, p. 34.
2. Erasme, *Eloge de la folie*, Garnier-Flammarion, 1964, p. 43.
3. Michel Foucault, *Les Mots et les Choses*, Gallimard, 1966, p. 386 : « Quand on suit, dans son allant, le mouvement de la

comprenons mieux ce que sont ces conditions de possibilité du savoir. Nous nous proposons, dans les pages qui suivent, d'analyser à cette lumière le comportement religieux *de l'homme et ce qu'il en dit. Aucune action, aucun discours autant que ceux de l'homme en face de celui qu'il appelle Dieu, n'entretiennent des rapports plus étroits avec le Désir, la Mort et la Loi. C'est pourquoi, sans vouloir être exhaustif et sans le pouvoir, nous oserons aborder à notre tour et sous l'angle anthropologique qui est le nôtre, la prière, le travail et la parole de l'homme qui ne se lisent comme événements d'une histoire de l'homme qu'en référence à l'existence d'un Etre de Désir, Dieu, à l'*image *duquel l'homme serait créé dans son désir d'être. Dans le mouvement et la structure de son désir, l'homme se découvre* étranger *à son histoire, livré à l'*inconscient *qui l'habite et qui, tel un chaos primordial, laisse se séparer de lui une conscience qui, dans sa prétention à l'organiser, ne fait que tâtonner de leurre en leurre, trouvant dans ce mouvement sa vérité; l'homme se découvre aussi livré au monde qui échappe constamment à la représentation qu'il s'en fait, même si elle n'est pas dénuée de toute efficacité*[1]. *Mais dans la fragile*

psychanalyse, et quand on parcourt l'espace épistémologique en son ensemble, on voit bien que ces figures — imaginaires sans doute pour un regard myope — sont les formes mêmes de la finitude, telle qu'elle est analysée dans la pensée moderne : la mort n'est-elle pas ce à partir de quoi le savoir en général est possible, si bien qu'elle serait, du côté de la psychanalyse, la figure de ce *redoublement* empirico-transcendantal qui caractérise dans la finitude le mode d'être de l'homme ? Le désir n'est-il pas ce qui demeure *impensé* au cœur même de la pensée ? Et cette Loi-Langage (à la fois parole et système de la parole) que la psychanalyse s'efforce de faire parler, n'est-elle pas ce en quoi toute signification prend une *origine* plus lointaine qu'elle-même, mais aussi ce dont le retour est promis dans l'acte même de l'analyse ? Il est bien vrai que jamais ni cette Mort, ni ce Désir, ni cette Loi ne peuvent se rencontrer à l'intérieur du savoir qui parcourt en sa positivité le domaine empirique de l'homme ; mais la raison en est qu'ils désignent les conditions de possibilité de tout savoir sur l'homme. »

1. Sigmund Freud, *La Science des rêves,* Alcan, 1926. « L'inconscient est pareil à un grand cercle qui enfermerait le conscient comme un cercle plus petit. Il ne peut y avoir de fait conscient

émergence du milieu des forces qui constituent sa conscience, alors même qu'elles risquent de la submerger, l'homme s'avoue comme un être historique[1] *qui, dans le temps et l'espace d'une vie, s'exerce à commander aux océans qui le menacent. Il sépare le haut du bas, le dedans du dehors. Il parle et crée ainsi l'*espace et le temps d'un désir *dans lequel il se reconnaît. Lui qui meurt, il a pouvoir de nommer et de séparer ce qu'il nomme. Il sépare les choses entre elles dans le monde et il se sépare d'elles. Il se conçoit à l'*image *d'un Etre radicalement séparé du monde de ses représentations auxquelles il donne l'être.*

S'il est vrai que le discours religieux de l'Humanité s'occupe de l'indicible désir qui la fonde, toute approche du désir humain doit nous mener en son centre. C'est pourquoi l'étude de la problématique de ce désir à laquelle Jacques Lacan a, sur les pas de Freud, consacré une œuvre présente à toutes ces pages, nous conduira à envisager, au terme, la problématique de la foi. La passion de l'intelligence n'est pas étrangère à celle de l'amour : l'une et l'autre s'articulent dans la foi[2].

sans préparation inconsciente, tandis que l'inconscient peut se passer de stade conscient et avoir cependant une valeur psychique. L'inconscient est le psychique lui-même et son essentielle réalité. Sa nature intime est aussi *inconnue* que la réalité du monde extérieur, et la conscience nous renseigne sur lui d'une manière aussi incomplète que nos organes des sens sur le monde extérieur » (p. 599, appendice, par Otto Rank).

1. Jacques Lacan, *Ecrits,* Seuil, 1966, p. 261. « Ce que nous apprenons au sujet à *reconnaître comme son inconscient, c'est son histoire* — c'est-à-dire que nous l'aidons à parfaire l'historisation actuelle des faits qui ont déterminé déjà dans son existence un certain nombre de « tournants » historiques. Mais s'ils ont eu ce rôle, c'est déjà en tant que faits d'histoire, c'est-à-dire en tant que reconnus dans un certain sens ou censurés dans un certain ordre.

« Ainsi toute fixation à un prétendu stade instinctuel est avant tout un stigmate historique : page de honte qu'on oublie ou qu'on annule, ou page de gloire qui oblige. Mais l'oublié se rappelle dans les actes, et l'annulation s'oppose à ce qui se dit ailleurs, comme l'obligation perpétue dans le symbole le mirage même où le sujet s'est trouvé pris. »

2. J. Colette, « Le désir d'être soi et la fonction du Père », dans

Pour indiquer le mouvement de ces pages, ou — du moins — celui qu'elles voudraient susciter, nous aurons recours, avec l'infinie révérence qui s'interdit le commentaire, à un poème d'Al-Hallâj :

« Mon regard, usant l'œil de la science, a suivi le pur secret de ma pensée ;
une lueur a jailli, dans ma conscience, plus ténue que la compréhension d'une simple idée,
et j'ai fendu le flot de la mer de la réflexion, m'y glissant comme se glisse une flèche.
Mon cœur voltigeait, emplumé de désir, porté sur les ailes de mon dessein,
montant vers Celui que, si l'on m'interroge, je masque sous les énigmes, sans le nommer.
Au terme (de l'envol), ayant outrepassé toute limite, j'errais dans les plaines de la Proximité,
et, regardant alors dans un miroir d'eau, je ne pus voir au-delà des traits de mon visage.
Je m'avançai, pour faire ma soumission, vers Lui, tenu en laisse au poing de ma capitulation ;
et déjà l'amour avait gravé de Lui, dans mon cœur, au fer chaud du désir, quelle empreinte !
Et l'intuition de ma personnalité me déserta, et je devenais si proche (de Lui) que j'oubliai mon nom [1]. »

L'Inconscient, n° 5, P.U.F., 1968, p. 145-147. Dans une étude sur Kierkegaard, l'auteur écrit : « Il apparaît donc que l'homme a besoin du dieu pour savoir qu'il est différent, séparé, c'est-à-dire non-vérité. Au moment où il apprend cela, l'homme saisit que la raison de cette séparation, de cette absolue différence, ne peut se trouver en ce qu'il a de commun avec Dieu, mais seulement en ce qu'il a de différent, c'est-à-dire son péché. En même temps que se manifeste Dieu, seule cause possible du savoir de la différence, surgit la prétention d'abolir cette différence, c'est-à-dire le refus de se reconnaître pécheur. Arrivé à ce point, on peut pressentir ce que signifie la vraie perte de l'intelligence : comme dans l'amour, où il faut se perdre pour se trouver, la vraie passion de l'intelligence veut, d'un même mouvement, sa perte et son salut. Cette passion s'appelle la foi. »

1. Louis Massignon, *Le dîwân d'Al-Hallâj*, Librairie orientaliste Paul Geuthner, 1955, p. 27.

Nous voudrions, pour terminer ces pages d'introduction, dire notre appartenance à l'Ecole freudienne de Paris. Nous ne cherchons pas, ce faisant, une garantie pour un discours qui ne peut être que le nôtre. Nous nous permettons d'indiquer le lieu où nous avons découvert, à partir de la théorie lacanienne qui l'anime ainsi que dans l'enseignement clinique de Françoise Dolto, les clés d'une lecture de notre pratique analytique en même temps que la mise en place toujours tâtonnante de concepts qui portent nécessairement la marque de notre expression personnelle. Cette découverte venait à point nommé, dans notre propre cheminement, pour nous apprendre à lire Freud et à pénétrer plus avant dans l'interrogation psychanalytique.

I

LA PRIÈRE : DU BESOIN AU DÉSIR

Il est impossible de dire une fois pour toutes ce qu'est la prière, comme il est impossible de dire l'homme. Cela ne suffit pas, pourtant, à la ranger définitivement dans le grenier des choses ineffables où tout serait organisé selon le secret des souvenirs du cœur, dans la trame d'une intuition qui échapperait à tout discours. Au contraire, nous pensons que l'impossibilité de se dire adéquatement provoque l'homme à parler et suscite en lui une parole qui, dans toutes les langues possibles, témoigne de cette impossibilité même. Irréductible à une définition purement intellectuelle, la prière est de l'ordre de l'expérience. Nous ne sommes pas autorisés, pour autant, à nous réfugier derrière le « mystère », paravent de la paresse ou de l'ignorance, dont les chrétiens ont parfois abusé, afin de se protéger au mieux des questions indiscrètes venues du dehors ou surgies du dedans.

Qu'on s'y adonne ou non, qu'on la trouve bienfaisante ou ridicule, la prière se présente comme un temps d'arrêt des activités pendant lequel l'homme, par la médiation de son corps, prétend se mettre en présence de Dieu. Dans le *suspens* de son activité imaginaire, qu'elle soit discours ou comportement, l'homme laisse surgir ce qui est déjà là, mais encore retranché ou expulsé des représentations qu'il s'en donne. Ce déjà là est toujours absent de la représentation qui cherche à le saisir, c'est le réel. Il fait irruption dans la faille des représentations imaginaires, à leurs frontières, comme ce qui « subsiste hors de la symbolisation », comme ce qui est encore « soustrait aux possibilités de la parole », dont « il n'attend rien », mais à l'opération de laquelle il est nécessaire. Si elle est source des représentations, la parole ouvre aussi en elles une faille par où le réel fait irruption. Cette faille de l'imaginaire corrélative de l'irruption du réel définit l'opération *symbolique* de la parole, spécifique de l'homme en ce qu'elle articule en lui l'irreprésenté (voire l'irreprésentable) et le représenté (la représentation [1]).

La prière comme la parole font éclater, en effet, le réseau des représentations que nous fabriquons pour nous y mouvoir dans l'aisance de la compréhension. L'une et

1. Jacques Lacan, *Ecrits,* Seuil, 1966, p. 388 et sq. « Le réel n'attend pas, et nommément pas le sujet, puisqu'il n'attend rien de la parole. Mais il est là, identique à son existence, bruit où l'on peut tout entendre, et prêt à submerger de ses éclats ce que le « principe de réalité » y construit sous le nom de monde extérieur. Car si le jugement d'existence fonctionne bien comme nous l'avons entendu dans le mythe freudien, c'est bien aux dépens d'un monde sur lequel la ruse de la raison a deux fois prélevé sa part.

Pas d'autre valeur à donner en effet à la réitération du partage du dehors et du dedans qu'articule la phrase de Freud : *Es ist, wie man sieht, wieder eine Frage des Aussen und Innen.* « Il s'agit, comme on le voit, à nouveau d'une question du dehors et du dedans. » A quel moment, en effet, cette phrase vient-elle ? — Il y a eu d'abord l'expulsion primaire, c'est-à-dire le réel comme extérieur au sujet. Puis à l'intérieur de la représentation *(Vorstellung),* constituée par la reproduction (imaginaire) de la perception première, la discrimination de la réalité comme de ce qui, de l'objet de cette perception première, n'est pas seulement posé comme existant par le sujet, mais peut être retrouvé *(wiedergefunden)* à la place où il peut s'en saisir. C'est en cela seulement que l'opération, toute déclenchée qu'elle soit par le principe de plaisir, échappe à sa maîtrise. Mais dans cette réalité que le sujet doit composer selon la gamme bien tempérée de ses objets, le réel, en tant que retranché de la symbolisation primordiale, *y est déjà.* Nous pourrions même dire qu'il cause tout seul. Et le sujet peut l'en voir émerger sous la forme d'une chose qui est loin d'être un objet qui le satisfasse, et qui n'intéresse que de la façon la plus incongrue son intentionnalité présente : c'est ici l'hallucination, en tant qu'elle se différencie radicalement du phénomène interprétatif. »

(Précisons, ici, que ce que nous appelons l'imaginaire, après Lacan, n'a rien à voir avec l'illusoire (cf. p. 349) et n'est pas à prendre dans un sens péjoratif.)

l'autre surgissent dans l'enchevêtrement du langage qui pré-existe au corps de tout individu. Elles s'insèrent dans un réseau de mots, en même temps qu'elles indiquent ce qui *échappe* à tout système de représentations et qui, pourtant, en est la source : Dieu et mon corps. Mon corps n'est jamais parfaitement réductible à la représentation que je m'en fais, et Dieu pas davantage. Et s'il advenait que l'homme arrive à dire adéquatement son corps, la notion même de Dieu disparaîtrait.

S'il en est ainsi, il nous faut nous interroger d'abord sur ce « corps » auquel la prière nous ramène, comme lieu et origine d'une parole qui ne devient vraie qu'à avouer son impuissance à le représenter. C'est en effet de cet écart différentiel entre le système de représentations qui tente de le réduire et son corps irréductible à ce système, que jaillit, dans sa violence et sa fécondité, la parole toujours nouvelle de l'homme. Nous ne supportons pas d'être emprisonnés dans l'image que les autres ont de nous-mêmes, parfois même dans celle que nous avons de nous-mêmes. A moins que nous n'ayons consenti à la dérive de l'aliénation. En son fond, c'est, sans aucun doute, de cette irruption de la parole dans une société que témoigne la « révolution culturelle ». C'est pourquoi elle pose la question de l'homme.

La question de l'homme se pose en ce point d'émergence de la parole, là où, en son corps, le *besoin* de l'autre se convertit en *désir* de l'Autre [1]. Peut-on dire aujourd'hui

1. Nous reviendrons souvent, tout au long de ces pages, sur le rapport de l'*autre* à l'*Autre* qui n'est pas à comprendre comme la distance qui sépare deux objets ou deux êtres, mais comme la différence qui fonde intrinsèquement la notion de *même* qui n'est pas pensable sans elle. L'autre est, si l'on veut, mon prochain, mon semblable. L'Autre est ce qui, dans cette proximité, m'échappe, porteur insaisissable d'une altérité radicale qui surgit dans tout rapport d'identité et qui le fonde. L'autre est objet d'un besoin, réductible aux éléments logiques qui s'organisent dans l'enceinte de ma connaissance : il est constamment réduit à moi-connaissant. L'Autre, au contraire, est ce qui, dans cette activité réductrice, reste « en dehors » du champ de la connaissance et n'est jamais perçu que négativement, méconnu à travers la connaissance que j'en ai, irréductible au moi-connaissant dont

quelque chose de ce point d'ancrage où s'enchevêtrent le corps et la parole, le besoin et le désir, et que nous avons dit être le moment de la prière ?

La dimension du besoin dans la prière

Deux réponses qui se contredisent sont données à la question : « Pourquoi prier ? » L'une fait état du *besoin* de prier pour vivre, pour alimenter la foi, etc. L'autre constate qu'il n'est pas besoin de prier pour vivre, voire même pour vivre en chrétien. Dans les deux cas, la réponse se réfère à la dimension présente ou absente du besoin. S'il arrive même qu'une conversation s'engage, il est loin d'être rare que l'orant découvre qu'il n'est pas vrai de dire — en rigueur de termes — qu'il a besoin de prier pour vivre ; l'étranger à l'oraison, au contraire, peut reconnaître qu'en des temps dramatiques ou privilégiés, il en a ressenti comme le besoin. C'est à ce besoin paradoxal, qui ne manque jamais d'être évoqué dès qu'est abordé le problème de la prière, que nous avons prêté l'oreille. C'est lui qui servira de point de départ à notre réflexion.

Et d'abord, qu'est-ce que le besoin ?

Besoin implique nécessité. Il est nécessaire de manger pour vivre. Le besoin est de l'ordre de l'assimilation ou de la consommation : c'est une force transformatrice qui réduit ou détruit l'objet auquel elle s'adresse. La satisfaction du besoin, sa disparition, survient avec la consommation de l'objet. Le pain que je mange supprime la tension douloureuse de la faim. Au terme, l'objet-pain et le besoin-faim se sont supprimés l'un par l'autre. L'autonomie de l'être vivant doit son existence à ce processus de réduction entre les éléments du milieu dans lequel le vivant se meut et est lui-même. Ainsi, le poisson n'est pas

la limite devient signifiante. Ce signifiant « limite » ne correspond à aucun signifié dans le champ de la connaissance. Il signifie, en moi, rien de ce qui est moi, l'Autre.

l'eau, mais, sans elle, il n'est pas. En elle qu'il absorbe et qu'il transforme, il puise les éléments qui le constituent différent d'elle. Ce rapport de consommation entre le poisson et l'eau définit la vie organique à un niveau très élémentaire. C'est à ce besoin élémentaire que fait écho le psalmiste. « Mon âme a soif de Dieu » (Ps 42, 3), chante-t-il, et, sans lui, « elle défaille » (Ps 42, 7). La prière aurait donc quelque chose à voir avec le besoin d'un autre pour être soi-même. Nous serions à Dieu ce que le poisson est à l'eau. La soif est impérieuse. Qui ne l'étanche pas expose son être à la désorganisation et à la mort. L'homme ne peut se saisir dans son corps, comme être vivant, que s'il satisfait à ses besoins. S'il est mis dans l'impossibilité de le faire — s'il manque d'air ou d'eau — apparaît l'angoisse d'une dislocation mortelle qui le rend à l'inorganique, à ce qui n'est pas lui. En avouant sa soif de Dieu, le psalmiste dit que l'homme ne peut pas se saisir, dans son corps, sans Dieu. Alors, justement, éclate sa lamentation :

« Je suis comme l'eau qui s'écoule et tous mes os se disloquent,
mon cœur est pareil à la cire, il fond au milieu de mes viscères » (Ps 22, 15).

Ainsi en va-t-il du nourrisson abandonné, comme du poisson hors de l'eau. L'eau fuit ses tissus. Il se déshydrate. Quand n'est plus assumée la transformation *besogneuse* qui assure l'unité de la vie organique, apparaît l'ombre de la mort.

Chez l'homme, pourtant, le besoin n'est jamais pur besoin. Le besoin de l'homme porte la marque de l'esprit, c'est-à-dire du désir de l'autre qui trouve son origine dans le besoin de l'autre, mais qui n'y est pas réductible. Désirer l'autre, en effet, c'est le vouloir pour ce qu'il est et que je ne suis pas ; c'est, par conséquent, renoncer à en faire l'objet de mon besoin, renoncer à le réduire. Tout se passe comme si la répétition indéfinie du besoin, avec l'augmentation et les ruptures de tension qu'un tel processus implique, nourrissait la permanence du désir humain. Dans la relation humaine, l'autre apparaît radicalement autre, Autre, dans la mesure où je n'en ai pas besoin car, alors, rien ne justifie pour moi sa présence. Dès l'origine, la mère s'offre à la satisfaction de tous les besoins du petit d'homme : elle est « l'objet primordial » dont la seule présence est signe de rassasiement et de vie. Mais si elle est le lieu d'apaisement de toute tension et de toute douleur, elle ne disparaît jamais entièrement dans la plénitude du rassasiement. En la consommant, l'enfant ne la tue pas. Elle reste à découvrir comme autre chose qu'un objet. Déjà se noue le processus qui sera vécu, dans la sexualité, sur un autre mode : la consommation de l'acte révèle l'autre dans sa persistance, Autre. Au jeu rythmé de l'apparition et de la disparition d'une tension, est liée la découverte d'une radicale différence entre l'autre et moi.

En d'autres termes, le besoin humain, sauf dans la période de gestation, n'est jamais immédiatement assouvi. Il est constamment *médiatisé* par une présence qui marque de son chiffre l'objet consommé, de telle sorte que cet objet chiffré devient autant signe d'une présence que source de rassasiement. Le sourire de la mère et la courbe de ses seins sont indissociables, pour le bébé, de la sensation d'absorption de son lait. Cette conjonction qui est déjà langage et chiffre structure ce qui, demain, va devenir l'inconscient de l'enfant et de l'adulte. « A l'état pur, simple abstraction, le besoin, c'est le besoin de sel, de sucre, d'oxygène ou de sels alcalins qui ne s'articulent, entre eux, comme tels, qu'au niveau de l'éprouvette. En un mot, on pourrait dire que le besoin vise l'objet et s'en satisfait. — Que le pur besoin ne se formule pas, qu'il se constate expérimentalement, qu'il vise un objet spécifique et s'en satisfasse, c'est bien ce qui le distingue radicalement de la *demande.* » On demande, en effet, quelque chose *à quelqu'un*, mais la demande n'est pas réductible au pur besoin de la chose. « Il est bien certain que, le besoin n'existant jamais à l'état pur, nous le rencontrons toujours déjà marqué du signe du langage qui l'exprime, à travers la demande et jusque dans le désir. Ce que nous voyons pratiquement, c'est le besoin en tant que le sujet essaie de s'en accommoder pour l'éviter ou le maîtriser [1].»

Que dit-on, dès lors, lorsqu'on dit de la prière qu'elle est un besoin ?

Si l'on se réfère au modèle de la tension dévorante, prier est l'acte qui met fin à la tension orante dont l'objet est Dieu. Ainsi, nous faisons de Dieu l'objet d'une connaissance dévorante, alors que c'est d'être irréductible au connaître que toute présence s'affirme. Objet privilégié — puisqu'il est dispensateur de tout bien — nous le recherchons avec acharnement dans le temps, dans l'espace ou dans le fouillis de nos connaissances. Comme si nous confondions l'acte de téter avec la mère. — Or, précisément, il ne suffit pas au bébé de sucer son pouce pour rendre réellement sa mère présente. Cependant, en tétant son pouce, l'enfant rend imaginairement présente sa mère absente et, pour un temps au moins, apaise la tension douloureuse. Inversement, d'ailleurs, il ne suffit pas à un bébé d'être nourri pour devenir un homme. Si cette nourriture n'est pas liée à l'expérience d'une présence qui disparaît et qui demeure, l'enfant n'accédera jamais à l'univers humain de la symbolisation. Il existe des enfants-loups.

Ainsi, lorsque l'Evangile affirme que « l'homme ne vit pas seulement de pain » (Mt 4, 4), cela revient à dire qu'il ne suffit pas à l'homme de vivre, c'est-à-dire de manger, pour vivre en homme. Si la nourriture n'est pas prise dans le réseau des significations humaines, elle n'est pas une nourriture d'homme. L'art culinaire, la cuisine marque d'un signe de feu — celui de l'homme — la nourriture, si bien qu'en mangeant, l'homme intériorise quelque chose de la présence de l'autre, même — et surtout peut-être — s'il n'est pas là. Ce n'est pas par hasard que la

1. Serge Leclaire, « L'obsessionnel et son désir », dans *Evolution psychiatrique*, 1959, p. 386.

table est le lieu des souvenirs. En absorbant le pain de son labeur ou les mets qui lui sont *préparés,* l'homme ne fait pas que satisfaire un pur besoin.

L'on sait aujourd'hui combien importe la manière dont la mère alimente son enfant, combien nécessaires sont ses *paroles,* son chant, ses gestes pour amorcer et permettre le développement de l'homme de demain[1]. Le bébé ne vit pas seulement de lait, mais de toute parole qui sort de la bouche de sa mère, épouse de son père. C'est en référence à cette structure implicite et mise progressivement au jour depuis Freud que les paroles de saint Matthieu, citant le *Deutéronome,* ont une telle résonance en nous : « L'homme ne vit pas seulement de pain, mais de toute parole qui sort de la bouche de Dieu » (Mt 4, 4). L'on voit que cette référence à la parole indique ce qui, dans le besoin, appartient au champ du désir de l'autre, le désir qu'il a de moi, ou, du moins, le désir qu'il a que je mange. Mais en mangeant ce que l'autre m'a préparé, je me le rends d'autant plus présent que je ne le dévore pas. Si cette dissociation n'est jamais faite, dans un même acte, entre le besoin et le désir, les voies sont ouvertes au cannibalisme ou au vampirisme, fantasmes qui ne sont pas absents des plus civilisés et des plus policés d'entre nous.

A y bien regarder, d'ailleurs, il nous arrive avec les objets qui nourrissent notre esprit les mêmes mésaventures qu'avec la nourriture de nos corps. Nous ne discernons plus dans ce qui nous nourrit le signe d'une présence : nous dévorons le temps, l'espace et les connaissances après en avoir fait, comme l'on dit, un temps, un espace et des connaissances *objectifs.* Nous sommes atteints de vampirisme et notre société de consommation vient, tout à coup, de découvrir qu'elle étouffe : elle se débat dans la violence et les hurlements et elle n'a pas tort.

Eh bien, le Dieu de cette société, nous l'avons imaginé

1. Denis Vasse, « Entre le substantiel et le subtil : la bouche », à paraître.

sur le mode de l'objet avec un grand O, dont la consommation apaise. Comme s'il suffisait à l'enfant de dévorer la mère pour ne manquer jamais de tous les laits du monde...

Dès lors, prier Dieu, c'est effectivement, et selon un mot encore à la mode, l'objectiver en fonction du besoin que nous en avons. Nous tentons de réduire Dieu au pain de nos rassasiements.

Leurrés par cette confusion initiale — *inévitable et nécessaire* — tout comme l'enfant commence par confondre le lait qu'il tète avec la présence de sa mère — nous nous employons à rendre nécessaire le *temps* de la prière. Tout comme l'enfant ou l'adulte malade trouvent, dans le fait de manger, un remède à leur angoisse et l'assurance d'une présence, ainsi nous avons appris à nous retirer de nos occupations pour nous livrer à la ferveur nourrissante de l'esprit. Nous avons jalousement isolé une heure — ou plus ou moins — dans nos journées, ce *temps fort* dont nous avons pris l'habitude et dont nous gardons, si déjà nous l'avons abandonné, la secrète nostalgie. Nostalgie de la mauvaise conscience, habitude de la bonne, l'heure de silence — le temps devenu objet — nous garantit la présence de Dieu. Du bien-être ou de l'effort, nous retirons quelque satisfaction... jusqu'au jour où ce que nous prenions pour le « sel » de la présence de Dieu vient à s'affadir en projection imaginaire de nous-mêmes. Nous sommes alors très tentés d'abandonner...

Pareillement, pour trouver Dieu, nous nous appliquons à fréquenter les lieux où nous serions assurés de le rencontrer. On nous a appris à quitter nos bureaux ou nos ateliers, l'endroit dans lequel nous vivons habituellement, pour aller nous recueillir dans les maisons de retraites et autres « hauts lieux ». Comme les Hébreux, nous cherchons la montagne où Dieu parle pour la marquer de la pierre de notre adoration. Le souvenir de nos pierres levées, de nos églises et de nos pèlerinages, nous garantira l'authentique fréquentation de Dieu. A vrai dire, pourtant, nous sommes au moins aussi heureux de descendre de notre montagne que nous l'avions été d'y monter. Le Dieu cherché n'est pas là, nous n'y avons trouvé que la projection vide de nous-mêmes. Peut-être est-il ailleurs. « Nos pères ont adoré sur cette montagne et vous, vous dites : c'est à Jérusalem que l'on doit adorer... ? » (Jn 4, 20). Notre intimité avec Dieu a toute les peines du monde à ne pas se convertir en ennui, c'est-à-dire en cet état où précisément l'objet convoité disparaît avec le besoin qu'on croyait en avoir. Il n'y a rien. « Crois-moi, femme, l'heure vient où ce n'est ni sur cette montagne, ni à Jérusalem, que vous adorerez le Père » (Jn 4, 21).

Ni ici, ni là, Dieu ne doit être adoré qu'« en esprit et en vérité », alors que ce que nous cherchons, c'est une eau — doctrine, science ou technique —qui étanche si parfaitement notre soif que nous n'éprouvions plus jamais le besoin de boire. « Donne-la moi, cette eau-là, afin que je n'aie plus jamais soif et que je n'aie plus à passer ici pour puiser » (Jn 4, 15). C'est ainsi que nous éprouvons le besoin d'être enseigné et de trouver dans une doctrine spirituelle *solide* ou dans une érudition incontestée l'objet qui nous comblerait. Plus ou moins consciemment, nous entrevoyons dans la spiritualité ou la théologie, dont parfois nous nous gavons, la solution à notre permanente frustration. Combien de fois, à propos de tel ou tel prêtre qui « a des difficultés », n'entend-on pas dire que « ce qui lui manque, c'est d'avoir fait une bonne théologie » ? Nous tentons, ainsi, de réduire la parole entendue à un labyrinthe de définitions qui nous emprisonne... jusqu'à l'aigreur, l'épuisement ou la révolte. Nous souffrons souvent d'indigestion.

Quoi qu'il en soit de la modalité de notre recherche, le sentiment nous vient, après plusieurs essais ou plusieurs années, que si nous avons besoin de prier, Dieu n'est pas, pour autant, l'objet de notre besoin. Il ne se trouve ni dans le temps, ni dans l'espace, ni dans le savoir. Il est ailleurs que dans l'ailleurs où nous le cherchions. L'ailleurs de l'ailleurs ramène l'homme à lui-même.

« Avec un sourire triste, l'image céleste s'échappe, pâlit, se dissipe en une brume légère. Ce qui semblait sans limites, laisse réapparaître ses parois immuables, et les deux êtres, le chercheur et l'objet de son désir, retombent dans leur étroite prison. Et de nouveau nous nous retrouvons tous les uns en face des autres, parcelles infimes de ce qui est déjà partiel, et ce que chacun possède n'est que l'effet d'un partage. Il n'est pas d'efforts désespérés, pas de larmes qui soient capables de renverser les murs de la prison [1]. »

Lorsque nous en arrivons là, nos certitudes vacillent et le sol nous manque à son tour. Mis en marche par une tension incoercible vers l'objet parfaitement bon et rassasiant, nous sentons nos yeux se dessiller en cours de route. Ce n'est pas le besoin que nous avons de quelqu'un qui nous le fait reconnaître dans l'amour. S'il en était ainsi, Dieu ne serait que le besoin que nous en avons. Rien d'Autre.

Ainsi, la recherche du « vrai » Dieu nous condamne à l'errance, hors des cheminements *besogneux* de la soif, hors de la quête du seul pain. Or l'errance ouvre à l'homme l'univers de la solitude [2]. Il est alors d'autant plus tenté de la refuser, que des personnes d'expérience lui répètent que l'illusion est fréquente en matière de spiritualité et qu'il est plus sûr de s'en tenir aux méthodes transmises par nos pères. Ces maîtres disent juste, nous semble-t-il, mais en même temps nous savons aussi d'expérience — la nôtre, cette fois — que l'illusion réside justement dans ce temps, cet espace, ce savoir préconisés pour trouver Dieu. Bien mieux, nous pressentons que la *formation,* qui nous confronte aux rigueurs de l'exactitude, de la discipline et de la logique, trouve sa raison d'être en ce qui n'est pas elle, dans l'émergence en nous d'une liberté dont elle ne peut rendre compte. Aussi, scandalisés

1. Hans Urs von Balthasar, *Le Cœur du monde,* D.D.B., Bruges, 1957, p. 12-13.
2. Denis Vasse, « De l'isolement à la solitude », dans *Christus,* t. 13, n° 49, janvier 1966.

ou secrètement libérés, nous convenons que ceux qui nous guident ont raison, mais que nous n'avons pas tort.

L'illusion du besoin
ou la manifestation du manque : le désir

L'illusion dans laquelle nous engage le besoin de « moments forts », de « retraites », de lectures et de méditations dont « nous espérions bien » (Lc 24, 21) l'accès aux délices de la rencontre avec Dieu, nous renvoie inéluctablement à nous-mêmes, dans le temps et l'espace ordinaires, dans notre corps. Nous nous imaginons avoir besoin de prier pour vivre et nous découvrons que nous pouvons *vivre sans prier*. La satisfaction de nos besoins ne nous a pas mis en possession de l'Objet convoité, elle nous laisse les mains vides. Toute la pédagogie de la prière est là : *elle détache de Dieu*. En une propédeutique tout à la fois patiente et violente, l'homme en prière apprend à faire la différence entre ce dont il a besoin pour vivre et Dieu, entre ce qu'il « consomme » et ce qui, à travers la consommation même, continue d'exister comme radicalement différent. C'est en découvrant, dans le sevrage, que le lait n'est pas la mère, que l'enfant se détache d'elle et qu'il peut vivre sans elle. Dans un même mouvement, le besoin de lait révèle à l'enfant le désir de la mère. Il y a une faille dans l'objet qu'il croyait unique, le lait-mère. Cet objet ne se réduit pas tout entier au besoin qu'il en a. La déhiscence dans l'objet répond à la coupure qui articule en lui besoin et désir. Le lait qu'il peut réduire et assimiler en des temps et des lieux donnés correspond à une certaine connaissance qu'il a de l'*autre,* d'autrui. La mère qui continue d'exister en dehors de ces temps et de ces lieux donnés est d'un autre ordre, celui d'une radicale différence qui peut exister en dehors du besoin, celui de l'Autre. C'est dans cette articulation de l'autre à l'Autre, de cet autre qui est et qui n'est pas l'Autre, que se développe chez le petit d'homme sa structure de *sujet* qui noue au besoin de l'autre le désir de l'Autre. L'un et l'autre ne se recouvrent jamais et, de cette faille originaire dont le lieu est son *corps,* vont naître le temps de son histoire et la force de sa parole. La véritable relation au prochain détache de ceux que l'on aime jusqu'à les laisser être pour eux dans le plus lointain de l'existence.

S'il n'en est pas ainsi, si, dans la prière, nous confondons, ou plutôt, si dans une attitude de refus plus ou moins consciente, nous persistons à confondre le monde — le lait du temps, de l'espace et du savoir — et Dieu, nous faisons de Dieu une mauvaise mère : une mère dont on ne peut pas se passer, une mère qui ne désirerait secrètement qu'une chose : que son enfant ait toujours besoin d'elle parce qu'elle s'est tout entière donnée à lui. De telles mères cherchent dans la maternité une « raison d'exister » qu'elles n'ont pas trouvée — peu importe pourquoi ici — dans leur relation conjugale. C'est ce qu'on dit de Dieu, lorsqu'on dit qu'il a créé l'homme par ennui, ou qu'il a besoin de l'homme.

Cette confusion du monde et de Dieu nous conduit à la crispation et à l'asphyxie. Partis du postulat que Dieu, dans la prière, nous comble, nous pensons que notre propre satisfaction est le signe de Dieu et nous en faisons le but à atteindre. Ce faisant, nous ne faisons plaisir qu'à nous-mêmes. Nous tentons de nous conformer à l'*idéal* longtemps prêché — notre corps devient idée, ou doctrine —, et selon lequel l'homme, pour vivre, aurait *besoin de Dieu.* Nous confondons Dieu avec le temps, l'espace et le savoir qui, bien que créés par lui, ne sont pas Dieu mais le monde. Nous confondons l'Autre et l'autre. Et d'une certaine manière, nous avons raison : le second est médiateur du premier, mais il ne l'est vraiment qu'en Jésus-Christ, où l'Autre est et n'est pas l'autre. La confusion qui nous a mis en marche nous mène à Jésus-Christ. Et elle le fait par la seule voie qui nous soit accessible, la relation à l'autre, au prochain.

Mais comme nous le disions, si nous n'allons pas jusqu'au bout de notre confusion, si nous persistons à faire de Dieu l'objet de notre besoin, alors que « ça » ne peut être que ce — ou celui — qui lui échappe, nous refusons ainsi d'être livrés à l'existence, à la vie dont la mort nous indique assez qu'elle est le passage obligé par la solitude. Le refus, plus ou moins avoué, de vivre nous fait glisser dans le rêve qui, rendant immédiatement présent ce qui ne l'est pas, nous évite l'angoisse de la séparation et nie la mort en la jouant. La prière qui ne fait pas l'expérience du non-besoin de Dieu prend la couleur du rêve. Rêver indique une opération psychique dans laquelle la perception est satisfaite par un objet imaginaire qui vient prendre la place d'un objet réel. Ainsi se trouve apaisée la tension d'un besoin en évitant au rêveur l'action nécessaire, dans la réalité, à la découverte ou à la fabrication de l'objet convoité. C'est ainsi qu'en rêve on étanche sa soif. « La sensation, écrit Freud, fait naître le besoin de boire et le rêve montre ce besoin réalisé. Il remplit un rôle que je puis expliquer de la manière suivante. J'ai un sommeil profond et il est rare que je sois réveillé par un besoin. Si je réussis à apaiser ma soif en rêvant que je bois, je n'ai plus à me réveiller pour boire réellement. C'est donc un rêve de commodité. Comme souvent dans la vie, le rêve remplace l'action. Malheureusement il est plus difficile d'étancher par un rêve une soif réelle qu'une soif de vengeance (...), mais l'intention est la même [1]. » Le rêve autorise le mépris des lois du temps et de l'espace ainsi que la contradiction logique. Le réel s'y dissout et perd sa consistance.

Dans le rêve, le réel apparaît immédiatement possible alors que, dans l'état de veille, il nous confronte constamment à une dimension d'impossibilité. Ce qu'il nous est impossible de faire immédiatement, nous allons tenter

1. Sigmund Freud, *L'Interprétation des rêves*, Alcan, 1926, p. 114.

de le rendre possible par le détour de notre activité transformante. Le réel nous renvoie toujours à nos propres limites et nous oblige à *renoncer* — au moins pour un temps — à la satisfaction de nos besoins. Ainsi, prier pour qu'un être aimé ne soit plus malade, ce n'est pas rêver qu'il ne l'est plus : c'est, bien davantage, malgré la satisfaction qu'on en éprouverait, accepter qu'il le soit et renoncer — pour le moment — à l'*imaginer* guéri. Un tel processus témoigne de l'être réel pour lequel je prie et qui échappe à la conception *imaginaire* que je veux en avoir. En même temps, d'ailleurs, il libère mes forces pour travailler, éventuellement, à sa guérison. Le besoin que j'ai de sa santé me conduit au désir de lui tel qu'il est. Le renoncement est le pivot du mouvement de conversion du besoin en désir. Et dans cette émergence du désir de l'Autre au cœur du besoin de l'autre, nous reconnaissons la source unique et de la contemplation humaine qui s'adresse à l'Autre tel qu'il est, et de l'activité humaine qui transforme le monde pour faire de l'autre ce que nous voudrions qu'il soit. L'homme ne vit pas seulement de pain, il vit *aussi* de la contemplation des pierres du monde.

Le mouvement qui articule besoin et désir manifeste à l'homme que sa pensée n'est pas toute-puissante : il manifeste ses limites et c'est alors que l'homme « rentre en soi-même » (Lc 15, 17). Sa vie n'est pas réductible au besoin qu'il a du monde. Sauf à délirer ou à se donner la mort, l'homme, dans sa vie, n'est pas plus réductible à l'objet de sa convoitise qu'à l'envie qu'il en a. A travers cette nécessaire démarche, il vise *autre chose...* qu'une chose. Qu'il veuille la chose-monde tout entière, révèle son désir d'autre chose que le monde : ce peut être la lune (mais elle n'est pas radicalement autre, Autre)... ou Dieu.

Saint Luc, dans la parabole de l'enfant prodigue, éclaire d'une illustration vigoureuse ce mouvement. La crispation violente sur le besoin de consommer le monde, sur l'argent, les femmes et les banquets, conduit le fils à considérer ce qui *manque* à tous ces objets et l'impossibilité où ils sont de lui donner ce qu'il cherche : il rentre en lui-même, il y renonce et, dans le même mouvement, redécouvre le Père qui n'est aucunement, lui, l'objet de son besoin, mais auprès duquel, pourtant, il trouvera accès à la joie du banquet, des noces et de l'héritage. Il se redécouvre fils au moment où il renonce par la force des choses, c'est-à-dire leur épuisement, à être l'enfant gâté et gavé autour duquel tout tournerait et dont le monde aurait besoin : le père pour l'honneur du nom, les femmes pour la jouissance du plaisir A bien lire ce texte, l'on remarque que l'enfant prodigue devient *fils* au moment précis où il envisage la possibilité de ne plus l'être. Etre fils n'est pas, comme le reste, de l'ordre d'un besoin unilatéral. Cela implique la reconnaissance par un père. Il n'y a pas de véritable filiation et pas davantage de véritable paternité démontrables. « Je ne mérite plus d'être appelé ton fils. » Et c'est vrai que pour *seulement* vivre, il n'a pas *besoin* — en rigueur de terme — d'être fils pour un père, d'être quelqu'un pour quelqu'un d'autre. Ainsi en est-il des cochons qu'il garde et dont il mange les caroubes. Il ne peut que le désirer, ce qui implique l'éventuel refus paternel de le reconnaître comme son fils qu'il ne mérite pas forcément d'être, bien qu'il en ait consommé l'héritage. La demande de nourriture, dès lors, n'est plus réductible au seul besoin de manger, elle témoigne du désir de l'Autre qui rend possible la présence de l'autre sur un autre mode que celui de la dévoration. « Ce que la demande met en cause, c'est l'autre en tant que tel. C'est là sa visée. Loin de se limiter à l'objet dont elle fait son prétexte, c'est le sujet à qui elle s'adresse qui la constitue en tant que demande. Si elle ne visait que l'objet, elle se réduirait à un pur et simple besoin, au mieux une envie. Ce qui fait de cette attente, de ce défaut d'argent, une demande, c'est qu'elle vise un autre comme sujet capable de dire oui, zut, non ou peut-être. Mais ce n'est pas tout, car, visant ainsi l'autre en tant que sujet, elle constitue et confirme du même coup le demandeur dans sa qualité de sujet[1]. » L'éventualité d'un refus ouvre la perspective d'une reconnaissance. Il lui permettra non seulement de manger, mais de vivre *auprès de...*, fût-ce comme le « dernier des serviteurs ». L'enfant, jadis, pensait s'affirmer comme homme en signifiant à son père qu'il n'avait pas besoin de lui et, d'une certaine manière, c'est vrai. Or, en découvrant qu'il peut se passer effectivement de son père, mais non de nourriture, il retrouve la possibilité de vivre en fils. Le renoncement est la marque du désir qui ne vise plus à se satisfaire de l'autre, mais à le poser dans l'existence, dans sa différence de sujet inaliénable, Autre.

Aussi bien, d'ailleurs, dans la mesure où le père renonce à la satisfaction paternaliste que lui eût procurée la docilité filiale, il peut accepter que son fils se perde, échappe à sa sollicitude, se détache pour faire, à l'ombre de la mort, l'expérience d'une vie qui ne sera plus que la sienne, Autre. « Mon fils que voilà *était mort* et il est revenu à la vie. »

Si le lien de la dépendance n'est jamais rompu, jamais l'enfant ne peut prendre sa taille de fils et, par là même, constituer son géniteur en Père. Si le temps, l'espace, la connaissance ne sont pas marqués de la cicatrice d'une déchirure, c'est que l'homme, dans son corps, est toujours nourri, protégé par un autre qui est *tout* pour lui et pour lequel il est tout. Cet autre tout « occupé » de lui n'est jamais devenu l'Autre, radicalement différent de lui,

1. Serge Leclaire, « L'obsessionnel et son désir », dans *Evolution psychiatrique,* 3, 1959, p. 386. Voici la suite de la citation : « La demande est essentiellement appel à l'Autre. Il est dans la nature de cet appel à l'être d'ouvrir sur une béance, de rester insatisfait. (...) Ce que le demandeur, même adulte, invoque, c'est d'être reconnu, confirmé dans sa valeur de sujet, tout comme il a été autrefois constitué, et de pareille façon, en tant que tel. C'est en cela — par cette sorte d'appel à l'être que constitue l'appel à l'Autre — que l'on peut dire que la *demande* a pour nature d'ouvrir sur une béance et de rester insatisfaite. Il est bien certain enfin que nous avons rarement à connaître la demande à l'état *pur ;* elle est toujours, comme nous venons de le voir, chose mêlée de besoin ; mais, à l'extrême, disons-le, elle serait la prière. » (p. 388.)

inaccessible, hors d'atteinte et qu'il n'entrevoit qu'en percevant sa propre limite. Il en est ainsi de l'enfant qui n'a jamais vécu son père comme celui qui tient une certaine place dans le désir de sa mère et qui le sépare d'elle. La mère n'est pas que source de son lait, elle est aussi femme de son père, tout autre que pour lui. L'expérience de cette découverte structure l'homme. Elle en fait un sujet, un être qui peut dire « je », qui peut parler en son nom. Elle a tout à la fois saveur de vie et de mort, de rupture, de faille dans les lèvres de laquelle se livre la tradition humaine : la possibilité de son histoire et de sa génération.

Si la prière s'illustre maintenant, pour nous, par la demande de l'enfant prodigue qui n'est plus réductible au besoin, il nous devient impossible de définir notre vie d'homme par l'existence d'un Dieu qui ne s'offrirait jamais que comme l'objet de notre besoin et dont l'absence, par définition, nous entraînerait dans la mort. Dieu n'a pas besoin des hommes — et c'est là sa gloire [1] — mais l'homme n'a pas besoin de Dieu, car il est créé à son image et à sa ressemblance. C'est dans la conversion du besoin qu'il a du monde en désir de Dieu que l'homme fait l'expérience de sa filiation divine. La prière est le lieu de cette conversion, c'est pourquoi la vie de l'homme peut tout entière, dans la ligne de force qui la sous-tend, devenir prière.

Prier, dès lors, ce n'est pas « avoir besoin » ou « n'avoir pas besoin », mais c'est accéder à une conscience de plus en plus vivante (ce qui n'a rien à voir avec la trop souvent évoquée « prise de conscience intellectuelle ») qu'il nous est possible de désirer quelqu'un pour lui-même, de l'aimer, dans l'exacte mesure où nous n'en avons pas besoin, où il nous est impossible de le consommer ou de le connaître. *Prier, c'est révéler qu'il est possible à l'homme de désirer l'impossible.*

1. Irénée, *Contre les hérésies IV*, trad. A. Rousseau, Cerf, 1965, p. 537-538.

Qu'elle soit rêve ou repli sur soi, la prière définie par le *seul* besoin que nous aurions de Dieu ne rend pas compte du sujet humain que nous sommes. L'homme ne vit pas *seulement* de pain.

Si l'accent est porté sur le besoin, la prière réduit Dieu à une chose, à un autre. L'orant n'aimerait Dieu que parce qu'il en a besoin. Il confond, dès lors, la présence avec la satisfaction intermittente et illusoire qu'il se procure. Il réduit Dieu au plaisir (ou au déplaisir) dont son activité est la source. Il croit avoir affaire à Dieu et il n'aime que ses pensées... ou sa cellule. A moins qu'il ne les prenne en grippe, et aussitôt il s'imagine haïr Dieu. Ce en quoi, là aussi, il se trompe. Obéissant au jeu d'un besoin imaginaire calqué sur le rythme de la digestion, il vit sa vie d'homme — celle de l'esprit — sur le modèle de la vie organique — celle de la consommation et de l'assimilation. Le bienfait ne vient, pour lui, que de l'*autre,* la créature. Il en est au stade de l'enfant qui ne fait pas la différence entre le lait et la mère. Il suffit de demander à un religieux qui *il est* pour voir poindre la tentation de répondre à cette question en donnant un emploi du temps. Ce rythme de travail et de prière rendrait compte de son être. Opaque et net, il constitue l'écran d'une réponse satisfaisante pour le questionneur et pour le questionné. L'utilisation des créatures, même et surtout si elle est « rationnelle », peut voiler la référence à l'Autre, où se lit le manque-à-être et de l'autre et de moi-même. Ce manque n'est comblé ni par la succession des fonctions, ni par l'accumulation des objets. Il marque en nous et en l'autre l'espace de l'Autre qui témoigne, au travers et au-delà de nos besoins, de la réalité croissante de notre désir d'être.

Au contraire, si l'accent est mis sur l'Objet-Dieu, cet Autre découvert immédiatement, sans la médiation de l'autre, Dieu découvert sans la médiation du monde, l'orant en vient à nier la nécessité, pour lui, du monde des choses et des êtres : il court-circuite son propre corps alors que l'efflorescence de son désir ne passe que par lui. Il fait de Dieu Quelqu'un dont le Royaume est l'ailleurs, monde étranger, voire monde d'étrangeté, confondus pour le sauver, avec le monde surnaturel.

A reprendre le chemin parcouru jusqu'ici, il nous semble que le surgissement de l'Autre dont témoigne, en moi, la conversion du besoin en désir, se manifeste dans la fidélité à l'autre. Et l'expérience de Dieu, croyons-nous, n'autorise jamais la réduction de l'Autre à l'autre ou inversement. Elle gît, au contraire, tout entière dans la relation de l'autre à l'Autre, espace créateur du sujet que je suis. Dieu n'est ni l'autre, ni l'Autre. Il n'est entrevu que dans la faille irreprésentable qui fonde ce rapport. Dans l'univers des représentations où nous saisissons l'autre, il n'est *rien.* « Nada », s'écrie Jean de la Croix, tandis que les mystiques musulmans parlent de « l'Absent ». Ainsi, l'articulation de l'autre à l'Autre n'est maintenue que dans un rapport au manque, qui fait éclater le besoin que l'homme a de tout dans l'aveu de sa propre limite, de son corps, lieu de son désir, existence qui n'est pas tout et qui pourtant n'est pas rien. C'est ainsi qu'il apprend à donner à chaque chose sa part, à chacun l'existence qui lui revient et qui lui échappe puisqu'elle ne s'épuise pas dans le besoin qu'il en a. Cette impossibilité de l'étreindre totalement marque l'autre d'un trait de feu : il est aussi Autre, inatteignable, tout comme je le suis pour lui, la représentation spatio-temporelle de mon corps n'étant jamais réductible à l'être de mon corps. Ce n'est d'ailleurs que dans la perception de ce qu'a d'étranger pour nous notre propre corps, lieu de notre être, qu'une telle relation demeure possible. « Aime ton prochain *comme toi-même* », comme ce qui en toi échappe à toi-même, ce qui est Autre.

Bien qu'écrit dans un langage qui est loin d'être aujourd'hui le nôtre, un texte qu'a laissé Ibn 'Ata 'Alah, mystique musulman, nous semble évoquer le même mouvement :

Si l'œil du cœur voit
Que Dieu est seul dans son bienfait,
Cependant, la Loi prescrit
Qu'il est nécessaire de remercier sa créature
Mais, en elle, les hommes forment trois catégories :

1. L'inconscient plongé dans son inconscience
et dominé par le monde des sens :
la présence sacrée s'est effacée en lui,
aussi voit-il le bienfait venir des créatures
et non de son Seigneur.
Il tombe dans l'associationisme manifeste,
s'il pose cela comme un dogme,
ou dans l'associationnisme déguisé,
si c'est relatif.

2. L'homme expérimenté,
devenu absent des créatures par la vision du Roi véridique,
En qui la conscience des causes est annihilée
par la vue de la Cause des causes.
C'est donc un fidèle ébloui par la Vérité
dont la splendeur éclate en lui.
Il a parcouru la Voie et la possède dans toute son étendue,
mais il est noyé dans les lumières et inconscient des créatures :
son ébriété l'emporte sur sa lucidité,
son union sur sa désunion,
son annihilation sur sa surexistence
et son absence sur sa présence.

3. Plus parfait que lui est le fidèle
qui a bu et dont la lucidité a augmenté,
qui est absent et dont la présence s'est accentuée,
son union ne lui voile pas sa désunion,
sa désunion ne lui cache pas son union ;
Il n'est pas détourné de sa surexistence par son annihilation,

ni de son annihilation par sa surexistence :
à chaque chose il donne sa part,
et de chaque chose il respecte le droit[1].

La prière est le témoignage de l'union dans la désunion, de la présence dans l'absence aussi bien que de l'absence dans la présence. Elle témoigne du rapport à l'Autre dans la relation à l'autre. Cette expérience mène à l'abîme toute certitude, tout savoir. Le rien ainsi manifesté est, en dehors de la foi, le néant. Dans la foi, c'est Dieu. Mais l'on voit que la possibilité même d'affirmer le néant comme ce qui échappe à l'univers des représentations, est corrélative de la possibilité de croire en Dieu. Ici le désir ouvre l'espace de l'absurde *ou* de la foi. « La vie mystique temporelle — la vie dans la foi —, écrit G. Morel, ne supprime pas le temps (ou le négatif), mais elle y confesse la Présence comme absente. Elle demeure désir[2]. »

Aux prises avec les nourritures terrestres, dans l'espace et dans le temps, selon la connaissance qu'il en a, l'homme en vient à se déprendre d'elles. Elles faisaient miroiter la promesse d'étancher toute soif et d'apaiser toute faim. Mais dans la mesure même où elles le font, elles gravent au cœur de l'homme le chiffre qui les marque du désir d'atteindre l'Autre, alors qu'elles disparaissent en tant que signe de l'autre. Elles sont le signe proche de l'existence irreprésentable de mon prochain. Confronté au chiffre de l'Autre toujours indéchiffrable, prisonnier de la lettre[3], l'homme rentre en soi-même et s'interroge. Il est, pour un autre, marqué du même

1. Ibn 'Ata 'Alah, *Hikam*, trad. P. Nwyia, XXVIII, 231.
2. Georges Morel, *Le sens de l'existence selon saint Jean de la Croix*, Aubier, 1960, t. II, p. 306.
3. Le « chiffre » et la « lettre » sont employés ici dans un sens métaphorique, mais ces deux notions peuvent s'utiliser pour une lecture plus serrée de la pratique analytique, à la manière de Serge Leclaire dans son livre *Psychanalyser. Essai sur l'ordre de l'inconscient et la pratique de la lettre*, Seuil, 1968, en particulier les chapitres IV et VI.

chiffre. Il fait alors deux découvertes : il n'est pas vrai, d'une part, qu'il ait besoin de Dieu — même s'il est vrai qu'il a besoin du monde — ; il n'est pas davantage vrai, d'autre part, qu'il n'ait besoin que de vivre, pour vivre en homme. Vivre en homme suppose le risque de la mort qui délivre radicalement du besoin de l'autre en même temps que de ses soins. La disparition de l'objet aimé manifeste, à celui qui aime et qui continue de vivre, la vanité du besoin qu'il en avait, contraint ce besoin à mourir et à se convertir en désir de l'Autre, devenu radicalement différent de l'autre qu'il connaissait. S'il n'est pas susceptible de cette conversion, l'amant est entraîné dans la mort avec l'objet aimé : il ne peut vivre sans lui.

Dans la prière où toute représentation finit par éclater, l'homme accède à une certaine solitude, une certaine mort. Tandis que se révèle l'illusion de son besoin et de sa satisfaction pour le maintenir dans l'être, l'homme, livré à l'expérience de la vie où œuvre la mort, apprend à désirer les êtres (dont lui) et les choses pour ce qu'ils sont, et non plus pour l'utilisation qu'il en fait.

L'homme ne se délivre de l'enfouissement dans la vanité et le vide de son besoin qu'au moment où, découvrant le manque-à-être dont ce vide est la manifestation, il accède à la reconnaissance de l'être qui lui manque. La méconnaissance de soi, où il se meut à travers tous les objets qu'il convoite, devient signe de reconnaissance. Ce qui échappe à mon savoir, ce que je méconnais, m'ouvre à la vérité en ce qu'elle a d'irréductible à l'idée que je m'en fais. Dans le mouvement même qui me porte vers elle, je renonce au savoir ou à la possession que j'en ai. Ce mouvement, que nous appelons « désir », naît ainsi du besoin (le besoin de consommer ou de savoir, de connaître) mourant à lui-même. Le lieu où s'exerce cette conversion toujours à reprendre est l'amour. Partout ailleurs, nous l'avons vu, le besoin exige l'engloutissement de sa satisfaction.

Mû par le besoin de « consommer », l'homme fait l'amour, en effet, mais c'est par amour que l'homme peut renoncer au besoin de consommer. Il ne peut renoncer à faire l'amour qu'en aimant, c'est-à-dire en désirant l'autre pour ce qu'il est, différent de lui-même, non réductible au besoin qu'il en a, non nécessaire. Ainsi la demande d'amour que l'époux adresse à l'épouse dans son corps, se nourrit de ce que, au-delà de l'étreinte ou du refus, l'être de l'Autre lui échappe et fait ainsi la preuve qu'il existe en tant qu'objet de désir, être, et non *seulement* en tant qu'objet de besoin, chose. Le sexe, dans l'homme, est le lieu où se noue la double référence de son corps : à l'autre et à l'Autre. « Il est aisé de se rendre compte que le désir ne saurait être conçu en simple terme de besoin car il ne se limite pas à la seule visée de l'objet qu'est le sexe, pas plus qu'il ne peut être réduit à une pure demande, un pur appel de l'Autre. Le désir participe de l'un et de l'autre pour autant qu'il est *désir de quelque chose et, en même temps, d'autre chose.* (...) Il est médiation nécessaire entre l'implacable mécanique du besoin et la vertigineuse solitude de la demande. (...) Il participe du besoin pour autant qu'il se satisfait relativement d'un objet, mais ne se soutient qu'en tant qu'il participe à la demande dans sa recherche toujours insatisfaite de l'être de l'Autre [1]. » Cette double polarité dit assez que l'emprisonnement dans la satisfaction du pur besoin demeure l'impasse toujours possible. Dès que l'homme croit *avoir* quelque chose, c'est que cette « chose » n'est déjà plus ce qu'il cherchait. « Et quand il croit serrer son bonheur, chante Brassens, il le broie [2]. »

La double polarité du lien sexuel ordonné à la génération de l'homme, à la création d'un autre, se retrouve dans le lien nutritif ordonné à sa persistance dans l'être, à son histoire. Si la mère n'est d'abord, pour l'enfant, que le sein gorgé de lait, elle se distinguera progressivement, à son sourire, du périodique rassasiement. L'acte de téter est tout à la fois ce qui satisfait la faim du

1. Serge Leclaire, *op. cit.*, p. 390.
2. Aragon, *Il n'y a pas d'amour heureux.*

nourrisson et ce qui, à travers et au-delà de l'objet de son besoin, l'ouvre à un autre être. *Cette perception d'une différence, fondatrice de la sienne, à travers l'acte qui tente de la nier, structure toute l'expérience humaine.* Par le biais de l'identification de soi à l'autre, saisir l'autre en tant que différent de soi, Autre, voilà qui rend possible le renoncement de l'amour. Le jeu de la différenciation d'un homme par rapport à un autre est spécifique de toute communauté humaine, celle de la table familiale, celle du lit conjugal, aussi bien que celle de la cité. Le désir en est bien « l'essence » : il fait surgir dans le réseau serré des nécessités de la vie, le non-nécessaire de la présence. Il ne peut y surgir que sous forme d'absence médiatisée par la présence. C'est pourquoi Dieu, l'Absent, ne se révèle à l'homme que par la médiation de son frère, son « autre » qu'il voit. La loi confère à Dieu une existence personnelle, celle d'un Père. Elle n'y parvient qu'à la lumière de la Révélation : l'« autre », mon frère l'homme, s'y affirme en même temps « l'autre de Dieu », son Fils. C'est le rôle du père, en effet, d'être le témoin de la différence unique de chacun de ses fils. Il les sépare pour ainsi dire, les détache de la mère avec laquelle l'enfant, tout d'abord, se confond. Ainsi Dieu nous détache de la terre par son souffle (Genèse), par le désir qu'il a de nous pour nous-mêmes.

L'homme, dans son corps, n'est ni pur besoin, ni pur désir. Son corps est l'histoire du constant passage de l'un à l'autre. Ce passage ne s'opère que dans la relation d'un corps à un autre corps. La référence au corps fait seule de l'homme un prochain pour un autre homme. C'est dans la relation « au frère qu'il voit [1] », à l'épouse qu'il étreint, à Jésus dont le contact lui est livré dans la « tradition » de l'Eglise, que l'homme satisfait au besoin de s'assurer dans la vie. Mais c'est aussi en elle qu'il fait l'épreuve de cet être de l'Autre qui toujours lui échappe : son frère n'*est pas* la vision qu'il en a, sa femme n'est

1. Cf. les *Epîtres de saint Jean,* 1 Jn 4, 20.

pas l'étreinte, et Jésus, de la même façon, *est et n'est pas l'autre*. Il est Christ. En lui, les références à l'autre et à l'Autre coïncident, l'avoir et l'être s'identifient dans la différence même. Aux yeux du chrétien, Jésus-Christ est le signe que l'existence de l'homme est fondée dans l'Etre. Dans la blessure structurante de son expérience humaine, il peut découvrir la marque de Dieu, la circoncision du cœur.

De requête en requête, poussé par la nécessité du besoin, l'homme formule à l'adresse du monde une demande à laquelle ne correspond, dans le monde, aucune réponse adéquate. Il demande quelque chose comme la persistance d'une présence qui témoignerait de la vérité de son être, ce qu'aucun objet, aucun autre homme ne peut lui assurer : l'objet est voué à la disparition dans la consommation, l'autre à la mort. La sécurité qu'il croit trouver dans le monde le renvoie au désert de sa soif, là où il n'y a rien, ni personne. Le désert, l'absence, est ce qui nous ouvre à autre chose que la chose. C'est aussi de lui et d'elle que nous avons peur. Nous cherchons souvent à les éviter à tout prix en nous figeant dans le besoin qui nous crispe sur la chose. Nous refusons, plus ou moins consciemment, d'accéder au désir, au renoncement qui avoue la mort du besoin d'avoir en même temps que l'irruption du désir d'être. La dimension de ce que nous appelons l'Autre est de l'ordre de l'*insaisissable* perçu dans l'acte même de saisir l'autre. Cet écho de la mort en nos vies prend des noms différents selon les époques. C'est lui qu'évoque J. Sulivan : « Se tenir en un profond recès, écrit-il, franchir un à un les cercles infernaux de la sensation, des images, des sentiments, des idées ordinaires, avoir la longue patience de supporter la privation : du dénuement même naîtrait peut-être l'homme. Mais pour ne point éprouver le fond de désert et de soif, l'esprit s'agite : ce ne sont qu'objets, projets, travaux, changements, plaisirs, espoirs et craintes, battements de cœur, mille battements d'ailes pour trouver sans cesse un nouveau point d'appui. Aller de l'avant à pas précipités, c'est une fuite. Prendre de la hauteur, c'est une chute. Tout est bon qui voile l'abîme. Qui s'arrêterait à le contempler tomberait peut-être dans le bonheur comme une pierre [1]. »

En luttant contre la mort, dans laquelle pourtant il ne cesse de se précipiter avec de plus en plus de violence, l'univers de consommation qui est le nôtre veut assurer l'homme dans sa propre existence par la maîtrise de l'espace, du temps et du savoir. Or, à l'heure où la technique rend cette maîtrise possible — et nous y sommes — l'homme sombre dans la confusion, il ne se comprend plus. La *crise actuelle du langage* fait revivre à notre monde l'expérience de la Tour de Babel. Au moment où nous croyons vaincre la distance, la séparation et peut-être la mort, à ce moment même, la simple présence à l'autre que nous cherchions comme garantie de notre existence nous devient impossible. A l'ère incontestée des moyens de communication, nous avons perdu la parole. Munis des techniques les plus modernes de dynamique de groupe, submergés par les informations venant des quatre coins du monde à la vitesse des ondes, nous nous découvrons emmurés dans notre propre discours, leurrés par tout échange avec l'autre dont la présence est un piège. Jusqu'à rejoindre l'interrogation de M. Foucault : l'homme existe-t-il encore ?

Il nous semble que la mise en œuvre d'une telle question de l'homme est corrélative de la négation de la mort. Même — et peut-être surtout — si on en parle beaucoup. Comme si l'expérience de la présence ne pouvait se faire que sur fond d'absence et de mort, dans ce rapport disjonctif de l'autre à l'Autre que nous avons essayé de mettre en évidence. Le lien à l'autre — qui me constitue moi-même comme autre — ne se constitue que dans la séparation radicale d'avec l'Autre. La satisfaction du besoin et de la mort, en mettant fin à l'apparence de l'objet, à la saisie de l'autre, ouvre à l'éventuelle possi-

1. Jean Sulivan, *Mais il y a la mer*, Gallimard, 1964, p. 90.

bilité de son être. Dans le même mouvement, le désir nous conduit au désespoir de l'absurde et à l'espoir de la foi. Non pas l'un *ou* l'autre, mais l'un *et* l'autre. La ligne de partage entre l'espoir et le désespoir ne passe pas entre les hommes, mais au centre de chacun d'eux : elle caractérise l'homme. De ce mouvement biface, de ce couple de forces contraires, de la perte de son temps et du vide de ses mots au moment où il leur voudrait la vérité du sens, l'homme fait l'expérience dans la prière. Les auteurs classiques parlent alors d'*humiliation* dans la prière. Pour J.-P. de Caussade, « l'oraison de quiétude » est humiliante parce qu'elle donne l'impression de *perdre son temps* et que toutes nos puissances s'y trouvent comme *mortes,* contrairement aux autres formes de prières où aucune des représentations qui meublent le temps et l'espace ne va au gouffre, procurant à l'orant une satisfaction qui n'est jamais que la sienne. « Dans les autres manières de prier, on parle à Dieu et à soi-même, on réfléchit, on raisonne, on *connaît distinctement qu'on agit,* qu'on opère avec la grâce tous les actes qui exercent l'activité de l'esprit et de la volonté, qui entretiennent sensiblement la vie de l'un et de l'autre, ce qui plaît au cœur humain, d'où naissent les *satisfactions intérieures,* qui toutes saintes qu'elles sont par elles-mêmes n'ont pas empêché saint François de Sales de s'écrier que « nos misérables satisfactions ne font pas le contentement de Dieu » ; mais dans l'oraison dont il s'agit, l'esprit, la volonté, toutes les puissances s'y trouvent liées et comme *mortes* par rapport aux opérations distinctes et ordinaires ; ce ne sont que de simples actes directs, si peu connus et si confusément aperçus, qu'on y craint rien tant que d'être oisif, d'y *perdre son temps ;* d'où naissent au lieu de complaisances pendant ou après l'oraison, les plus fortes tentations de l'abandonner [1]. »

Notre besoin de prier nous fait cheminer sans trêve

1. J.-P. de Caussade, *Bossuet, maître d'oraison,* Bloud et Gay, 1931, p. 173, 193.

dans l'illusion. Celle de croire que le temps, l'espace et le savoir de nos vies ne sont pas voués à la perte. Celle aussi de croire qu'en les perdant, nous perdons Dieu. C'est alors, pourtant, qu'il se révèle, indemne de la nécessité où nous aurions voulu l'enclore. La sortie de l'illusion du besoin ne se fait pas latéralement, par transgression d'une limite inerte, comme un coureur sortant de son couloir pendant l'épreuve. Elle est bien plutôt de l'ordre de l'éclosion du besoin qui, dans l'enclos de son espace, vient à mourir à lui-même. Lorsque la tige du besoin renonce à son indéfinie croissance, éclôt la fleur du désir. C'est en laissant se développer le besoin « jusqu'au bout » (Jn 13, 1), en découvrant qu'il porte en lui le germe de sa propre mort, que l'homme renaît. La mort du besoin qu'il a du monde devient le signe de son désir d'être dans le monde. L'illusion du besoin est la matrice délaissée quand surgissent la vérité et la libération du désir. Le second naît et croît dans la mesure où se révèle le vide du premier. Désirer revient à ne plus confondre la présence de l'autre, la satisfaction du besoin coïncidant avec la disparition de son objet, de l'autre. Au contraire, l'homme de désir est celui pour lequel l'insatisfaction du besoin, le renoncement et la mort, coïncident avec l'apparition d'autre chose que l'objet, de l'Autre. Pour l'homme, en son corps, ce n'est jamais que dans l'éclair de cette conversion et de cette évanouissante coïncidence qu'il entrevoit Dieu. Le signe indubitable de l'expérience de Dieu n'est pas la certitude d'un savoir théologique, c'est la joie de l'homme qui n'éprouve même plus le besoin de se dire... en même temps qu'il est libre pour n'importe quelle tâche dans le monde.

Dès lors, désirer quelqu'un, l'aimer, c'est accepter que son existence révèle en moi ce qui me manque pour être tout, c'est percevoir son absence en moi (ou de moi) comme la réalité de sa présence à lui-même (et en lui-même). Le manque-à-être que j'éprouve, et aussi bien le manque de l'être, révèlent en moi le désir d'être de l'autre. Désirer l'Autre, c'est appréhender d'une manière toujours éphémère l'*originalité* de mon frère ou de Dieu. Originalité est à prendre ici aux deux sens du terme, car ni mon frère, ni Dieu ne doivent leur particularité, leur différence, ou leur origine au besoin que j'en ai.

Il n'y a, en définitive, que par la conversion du besoin en désir qu'est rendu le témoignage de l'existence d'un autre qui est comme soi et qui ne peut se réduire à soi. Même et radicalement Autre. Le saint est ce témoin.

Si l'homme reste coincé au stade du besoin de la prière, c'est que sa prière n'est pas le lieu d'un appel à l'Autre. Il évite ainsi la vertigineuse solitude de la demande en même temps qu'il échoue à rendre compte de sa propre existence. Il est mal dans sa peau, il se ronge et s'épuise, réduit qu'il est à la besogneuse activité qui digère et néantise tout ce qu'il touche. Ce n'est pas dire que l'homme puisse se passer de cette activité négatrice. S'il fait mine en effet de la négliger, il n'aboutit jamais qu'à l'ombre d'un désir sans corps. Il se refuse le nécessaire étayage de la chair. Il croit ainsi s'épargner la mort.

Lorsque le besoin de la prière se transforme en prière de désir, l'activité de l'homme devient sans objet, ou plus exactement tout objet devient le lieu d'une *rencontre*. Manger devient communier.

Ainsi, le besoin de Dieu, confondu avec le besoin de vivre, finit par avouer sa vanité. Dieu n'est jamais l'objet de notre besoin, même si c'est par ce leurre que nous commençons à nous mettre en route. Ce leurre et le renoncement qui s'ensuivra caractérisent le mouvement de l'amour et le mouvement de la prière. L'un et l'autre sont le lieu de l'exercice du désir. Aimer suppose, à l'ultime limite, qu'on puisse *renoncer* à l'être aimé. Prier, de la même façon, implique que l'on puisse renoncer à la rencontre avec Dieu. Parmi les plus grands saints, nombreux sont ceux qui ont fait l'expérience de la déréliction, cet emprisonnement dans la mort qu'ils comparent à l'enfer.

En renonçant au besoin qu'ils ont l'un de l'autre, ceux qui s'aiment se donnent et se redonnent sans cesse à eux-mêmes et aux autres. Ils se *pardonnent.* Une telle autonomie va jusqu'au risque accepté de la mort et de l'autre et de soi. Non qu'il s'agisse, bien sûr, de ne pas porter secours, mais parce que porter secours, ce n'est plus protéger l'autre de tout risque, c'est le jeter dans le risque inaliénable de sa propre vie. Ainsi en va-t-il pour le père de l'enfant prodigue et pour Dieu, le Père de Jésus. Mais s'il est vrai que l'on peut renoncer par amour à l'exercice de l'amour, il doit être vrai aussi que l'expression la plus authentique de la prière s'accomplit dans le renoncement même à la prière. Nous retrouvons ici une ligne de force mise en évidence par les plus grands maîtres de la prière dans la tradition de l'Eglise et hors d'elle. Tous en viennent à parler de la prière véritable comme de celle justement que l'on peut quitter, que l'on peut différer, qui, en rigueur de termes, n'est pas nécessaire. Un tel abandon n'est rendu possible *sans culpabilité* que dans l'exacte mesure où le sujet qui l'assume éprouve et vit la libération de son désir de Dieu. Il est libre de satisfaire à ses besoins ou d'y renoncer selon sa capacité de conserver vacante en lui la place de celui qu'il cherche et auquel il s'adresse. Loin de vivre dans les nuages ou de s'aliéner à une règle pour s'auto-justifier, il est simplement présent à l'absence de l'Autre en son corps et en ce monde. Ce manque-à-être manifesté dans le temps, l'espace et le savoir de son corps, témoigne de l'existence de tout ce et de tous ceux qu'il n'est pas. Il n'a pas besoin d'être ailleurs.

Le Père Voillaume écrit à ses fils [1] : « Il n'y a pas de réussite satisfaisante dans l'oraison, quelle que soit par ailleurs la ferveur de notre prière. Nous serons même d'autant *moins satisfaits* de nous dans la prière que celle-ci nous aura davantage rapprochés de Dieu. Ce sentiment d'insatisfaction fait partie de la prière : il est la preuve d'un *désir non comblé* — que resterait-il d'un désir comblé ? — qui ne peut que grandir avec la charité. (...) La

1. R. Voillaume, *Lettres aux Fraternités,* Cerf, 1960, p. 169.

prière, loin d'apaiser cette soif, ne fait que l'attiser davantage. » L'insatisfaction n'est pas à comprendre ici comme le grattage spirituel du scrupuleux, mais comme ce point de surgissement du désir qui est toujours identifié par le désarroi intime du cœur, qui participe tout à la fois de l'angoisse du manque et de la mort, et de l'allégresse de la renaissance. Rien n'a changé et tout est nouveau.

Du désir à l'œuvre, de la prière au travail

Le besoin se crispant sur lui-même devient envie et jalousie. Le besoin mourant à lui-même libère l'énergie de l'acte. C'est pourquoi le philosophe conçoit le désir comme « déterminé à accomplir un acte » et l'homme de foi voit en lui la croissance de la charité. La charité n'est qu'en acte. Que cet acte soit parole ou comportement, il crée. Il est la marque d'un monde nouveau. L'acte humain qui crée sans repentance et sans complaisance est toujours consécutif au surgissement du désir. Il en est la marque. « Nous devons être libres dans nos dévotions et dans toutes nos actions, de sorte que nous soyons prêts de tout quitter, écrit le Père Lallemant, quand l'obéissance ou la charité nous appellent ailleurs [1]. » Etre libres de quitter une activité donnée, c'est, au sens strict, n'en avoir pas besoin. Si nous n'avons pas la liberté intérieure de le faire, c'est que nous sommes encore attachés à nos pratiques comme à l'ombre de nous-mêmes, comme l'enfant l'est à sa mère. Certes, l'enfant a besoin pour devenir un homme de tendresse et de caresses. « Pour rendre un homme vrai, dit une sentence hindoue, il faut l'aimer : tant qu'une jeune âme n'aura pas tout l'amour dont elle a besoin, elle ne sera pas vraie de sa propre vérité. » Mais si d'en être privés ou d'y *renoncer* ne nous rend pas moroses ou malheureux, c'est le signe que notre besoin d'aimer et d'être aimé se mue

1. L. Lallemant, *Doctrine spirituelle,* coll. « Christus », D.D.B., 1961, p. 116.

en désir de l'Autre, en ouverture sur un être dont la simple existence, insondable, nous révèle davantage notre être propre que la satisfaction réitérée de nos besoins d'où vient notre crainte de le perdre [1].

Ecoutons ce que dit, en son parler vigoureux, Thérèse d'Avila. Elle s'adresse à des carmélites, on le sait, mais comment feindre d'ignorer que ce qu'elle dit touche chacun d'entre nous ? « Quand je vois des personnes tellement appliquées à examiner leur oraison et tellement encapuchonnées, lorsqu'elles s'y livrent, qu'elles semblent ne pas oser bouger pour ne pas en détourner la pensée, dans la crainte de perdre tant soit peu les goûts et la consolation qu'elles y trouvent, et quand je les vois s'imaginer que toute la perfection consiste en cela, je me dis qu'elles comprennent bien mal ce que doit être le chemin qui mène à l'union. Ce sont des œuvres que le Seigneur demande de nous [2]. » L'œuvre est le chemin qui mène à l'union des êtres dans leur différence même. C'est ainsi que l'on parle de l'œuvre de chair. Si l'orant ne s'accomplit pas dans une œuvre, la prière n'est plus pour lui que le refuge de la complaisance où il imagine toute la perfection. Il ne fait que rêver.

Nous voilà de notre prière et, par elle, renvoyés à nos œuvres.

Nous cherchions Dieu dans la prière, nous y découvrons l'Absence qui creuse au cœur le goût de l'Autre. Ce manque en nous délivre de la nécessité d'une présence « objective », matérielle, celle que réclame le besoin. Le désir

1. C'est au rapport de la mère et de l'enfant et à ce qui en est le substrat, le lait, que revient constamment Catherine de Sienne dans ses écrits pour parler de l'expérience de la prière : « Père, savez-vous comment Dieu a traité mon âme ce jour-là ? Comme une mère traite son petit enfant tendrement aimé. Elle lui présente le sein, mais elle l'en tient éloigné pour qu'il pleure ; alors elle sourit aux pleurs de son enfant, elle l'embrasse, et dans ce baiser elle lui donne son sein pour qu'il y puise joyeusement et à satiété. » (R. de Capoue, II, VI, note de la page 227 dans *Le livre des dialogues* de sainte Catherine de Sienne, Seuil, 1953.)

2. Sainte Thérèse d'Avila, « Le Château de l'âme », dans *Œuvres complètes,* Seuil, 1948, p. 917.

est débarrassé vis-à-vis de son objet de la coalescence qui englue le besoin dans le sien. Son royaume est la différence. L'homme de désir, dévissé de son prie-Dieu, est libre de travailler à la transformation du monde, non plus pour le réduire à soi-même et tenter d'occuper toutes les places, mais pour le rendre à lui-même en assumant son rôle d'homme unique entre les autres. Il assume ainsi sa part de paternité : le père véritable ne prend pas constamment la place de son fils pour lui éviter de se perdre ; au contraire, il le donne à lui-même au risque de le perdre.

L'articulation entre besoin et désir qui, à nos yeux, définit la prière comme activité humaine, définit aussi le travail de l'homme. Au rêve ou à la contrainte de la prière correspond la besogne, à la prière de désir, l'œuvre.

Le travail s'impose comme besogne à ceux pour qui la prière est synonyme d'oisiveté et de rêve. Leurs forces s'acharnent et s'épuisent à fabriquer l'objet dont ils ont besoin pour vivre, alors que dans l'oraison il leur suffirait d'en rêver pour en jouir.

Nous avons besoin de travailler pour manger et pour vivre. L'accomplissement de la tâche nourricière nous absorbe tout entier et nous continuons à travailler de peur qu'il ne nous manque quelque chose, alors même qu'il ne nous manque plus rien et que nous suffoquons sous la quantité des objets que nous fabriquons, que nous achetons, voire même que nous pourrions acheter. De fil en aiguille, nous travaillons pour travailler comme si, en soi, le travail avait quelque valeur. Nous avons oublié qu'il était ordonné à autre chose que la chose qu'il représente. Il devient à lui-même sa propre fin et, comme tel, nous ennuie. Au lieu que le travail soit réalisé *pour* l'homme, tout se passe comme si c'était l'homme qui était fait *pour* le travail. Nous nous emmurons en lui et nous faisons de cette tombe laborieuse un des plus grands sujets de gloire. Combien d'infidélités et d'inattentions à l'autre, le travail n'excuse-t-il pas ? Combien de lâchetés n'y a-t-il pas dans notre précipitation, dans le débordement de nos professions mises au premier rang de nos soucis ? Nous travaillons pour que jamais rien ne nous manque, ou — plus subtilement encore — pour que rien ne manque à nos familles ou à nos frères. Les grandes Causes se confondent avec le gavage des oies. Un jour ou l'autre, cependant, alors que nous croirons « avoir tout fait » pour notre femme, notre enfant ou notre frère et qu'ils « ne manqueront de rien », nous nous étonnerons d'apprendre qu'ils sont malades d'être rassasiés et qu'ils demandent autre chose. Nous demanderons encore « *quoi faire* », incapables que nous serons d'entrevoir que nous « faisons trop » et que c'est de cela qu'ils meurent. Ils ne sont mesurés qu'à l'empan de notre effort ou de notre fatigue et nous leur disons trop que c'est *pour eux*. Les gouttes de sueur et le mérite de l'effort ne valorisent que nous. L'âpreté au travail est l'obstacle majeur à la découverte de l'espace vide qui, dans nos cœurs, témoigne d'autres : nous faisons mine d'y entasser la fausse présence de nos bricoles. Ils ne perçoivent même plus que nous confisquons un air et un espace qui sont les leurs, tant ils sont submergés de nos préoccupations agressives ou doucereuses. Ils ne peuvent plus y échapper sans nous irriter. Aussi la seule manière qui soit à leur disposition de nier et de refuser cette invasion, est de se nier eux-mêmes très inconsciemment, certes, mais très efficacement. En tant qu'objets de notre besoin ils disparaissent dans la maladie, ce qui n'est pas sans entraîner une certaine satisfaction et le redoublement de la possession... car s'ils sont malades, il faut bien que nous leur venions en aide. Cercle infernal dans lequel notre activité tourne à vide, sur elle-même, et ne témoigne de rien d'autre. Elle nous « défait ». « Il y a quelque chose de pire que l'oisiveté pour *défaire* un homme : le travail. Seulement on périt dans l'estime universelle. Quelque chose de pire que l'échec : la réussite... (...) Je vais te dire ce que ta femme, tes enfants attendent de toi : que tu existes. Tes deux lascars, tu crois qu'ils ont besoin de l'héritage que tu leur prépares ? Ils ont besoin de toi, pas de l'esclave qui fait tourner la roue [1]. » La tentation du pseudo-dépassement de soi dans le labeur est subtile. D'autant plus que le surmenage attristant qui l'atteste ne va pas sans une secrète jouissance. Il sert de révélateur discret ou éclatant à la valeureuse et souffrante image que nous nous faisons et que les autres se font de nous. Le « forcing » est au travail ce que le perfectionnisme est à la prière : mécanisme d'engloutissement. « Ne pas perdre une minute », « ne pas savoir rester sans rien faire » sont des formules qui, érigées ici ou là en principes d'éducation, dénotent l'organisation contraignante qui nous dévore dans nos loisirs mêmes, et nous « dépossèdent jusqu'au dénuement de tout désir [2]. » La préoccupation, la dépendance, la fatigue et l'usure nous rassurent et nous justifient. Elles nous font accéder au sentiment névrotique d'exister. Nous nous en plaignons, mais qu'elles viennent à cesser et nous tombons malades. Nous en avons besoin comme d'une drogue. Plus la vie prend de l'accélération, plus l'automatisme de nos gestes nous rend ivres et moins nous percevons le sens de la vie dans le surcroît d'une présence qui cesse d'être efficace. Le militantisme du chrétien ou du syndicaliste, le pointillisme du religieux, le don-juanisme de l'époux, l'extensionnisme de l'homme d'affaires sont des contrefaçons de l'action dans leur ordre respectif : social, religieux, conjugal ou familial. Ces contrefaçons mènent tôt ou tard à la faillite, à l'isolement ou à la dépression nerveuse.

L'enfouissement dans le travail — la besogne — est peut-être le plus grand obstacle à la découverte de soi et de l'autre. Il épuise l'homme comme s'épuise le torrent dans le sable. Il cherche à colmater la faille qui, au cœur du besoin d'agir, mine l'action et fait voler en éclats l'étroite satisfaction que nous en retirons. Il n'est pas

1. Jean Sulivan, *Le Plus petit abîme,* Gallimard, 1964, p. 80.
2. Pierre Emmanuel, *Le Goût de l'Un,* Seuil, 1963, p. 260.

vrai que l'homme ne se réalise que dans l'action. L'action ne se soutient que si, dans et au-delà de la transformation et de son objet, elle ouvre sur « autre chose », sur une présence à soi et à l'autre, irréductible à la satisfaction de la production. Au cœur de toute production vraie, quelque chose est *donné* qui n'est pas de son ordre. Celui qui travaille vraiment éprouve toujours l'objet de son travail comme un don. S'il en est ainsi, c'est que l'ouvrage ou l'œuvre ont remplacé la besogne. Cette dernière, aliénée à la production, obture le *manque* qui témoigne en nous du rapport à l'Autre, lequel échappe à toute opération sur l'autre dans cette opération même. Elle interdit le jaillissement du désir qui ne naît et ne se soutient que de lui.

Plus que nous nos grands-mères s'entendaient à distinguer l'*ouvrage* de la *besogne*. La besogne répond à la nécessité de cuisiner, d'entretenir la maison pour la « faire tourner ». Elle est un travail qu'il est nécessaire d'accomplir. L'ouvrage, lui, n'est pas dénué d'une note de nécessité, mais plus que la besogne, il implique la dimension d'un désir. C'est une broderie, un tricot, une layette. Il demande une participation du cœur car il s'adresse au cœur de l'autre. Il est rarement confectionné dans la précipitation de la contrainte. Il célèbre plutôt le moment d'une existence. Il demande du temps et l'on en parle. Le temps qui lui est consacré se confond avec la silencieuse parole déjà adressée au bébé qui va naître ou avec le souvenir qui rend présent celui ou celle auquel il est destiné. L'ouvrage devient le support de la parole que l'on dit à quelqu'un. « La parole est un tissage, nous révèle un des contes du *Roi-Singe*, le temps et la parole ont les mêmes secrets. Il faut bien des mois pour tisser ni lâche, ni serré. Avec une parole fine comme une laine, tu fais une surface entière, tu fabriques un récit, avec ses desseins, ses couleurs, et dedans il y a ton souffle, ton cœur et ta tête[1]. »

1. André Voisin, *Les Contes du Roi-Singe*, Ed. de Paris, 1958, p. 32.

Quand est désamorcé le besoin d'agir, la production de l'homme devient œuvre. Au lieu de s'évanouir dans la vanité de son auteur, l'œuvre s'en détache. Elle témoigne d'une autre existence et se donne comme porteuse d'un message, que saura lire ou sentir en elle l'absent auquel elle s'adresse. Selon la capacité même de son propre dire. L'œuvre n'occulte pas l'absence de l'ami ou de Dieu. Elle l'avive. Elle ne met jamais quelque chose là où il n'y a rien. Elle est l'écho du manque-à-être de l'homme. Elle est ce qui échappe aux mains, au cœur et à l'intelligence de celui qui la fait. Lorsqu'à travers l'obligation de produire et de travailler, l'homme accède à l'œuvre, il s'en aperçoit au dessaisissement qu'il éprouve. Il renonce au pouvoir qu'il possède légitimement sur sa production. L'œuvre se détache de son auteur et, par là, l'oblige à une certaine mort. Ce détachement ne s'accomplit que lorsque l'auteur ne se reconnaît plus dans l'œuvre de ses mains. C'est lui et ce n'est pas lui. C'est ce qui, en lui, porte la marque de l'Autre. Les peintres connaissent bien cette chute de l'œuvre. Elle ne survient qu'après le long et douloureux travail de l'enfantement. Elle dessaisit l'homme de sa conscience. Elle est ce point de rupture où la représentation devient signifiante d'autre chose que la chose, cet autre chose qui jamais ne se dit et qui, pourtant, court dans le nœud de toute parole. C'est pourquoi l'œuvre ne supporte pas la complaisance. La joie qu'elle procure n'est jamais exempte de la douleur de la séparation.

En ce sens, quelles que soient la peine ou la souffrance du travail, c'est à une présence en moi comme hors de moi qu'il est ordonné. Or la présence est d'un autre ordre que la chose. Tandis que *je fabrique* la seconde, la première m'est toujours *donnée*. L'objet d'un tel travail — que ce soit un tableau, un cours ou un mets — renvoie au désir de l'Autre qui, en l'utilisant ou en le contemplant, réclame de moi l'acte qui transforme mon besoin de travailler en désir du désir de l'Autre. L'homme renonce à l'objet de son travail dans le temps précis où, en cette place laissée vacante, un autre que lui, son frère, s'y retrouve dans le manque-à-être qui le fonde, lui aussi, en tant que sujet. Cela est si vrai qu'inversement l'on ne goûte jamais une œuvre en dehors d'un certain renoncement, celui de la saisir une fois pour toutes. Elle invite à une constante mise à nu, au dépouillement d'une certaine solitude. Le parler populaire indique bien le refus ou l'impossibilité d'un tel dépaysement quand il proclame que l'on « *fait* » les musées ou l'Italie. Ainsi se trouve rangé dans l'arsenal des connaissances ce qui échappe à toute connaissance. Hélas, *rien n'échappe* à certains touristes.

Notre relation à Dieu et aux hommes n'est pas sans évoquer cet aspect touristique.

Découvrir dans son œuvre ce qui n'est pas soi, voilà qui nous ramène à la structure de la filiation la plus humaine. Si l'enfant ne se détache pas de la mère, il ne deviendra pas un homme : il imaginera qu'il en est un. Cette rupture par laquelle l'enfant renaît à lui-même, dans le fils, ne s'accomplit que si, dans la mère, la femme lui est interdite non pas simplement physiquement, mais aussi et surtout symboliquement : un même être est et n'est pas *sien*, il est autre chose que sa chose. Si cette loi, qui marque la mère d'une altérité qu'il ne connaîtra jamais, n'est pas constamment promulguée par un père digne de ce nom, si, promulguée, elle est réellement transgressée, le produit-enfant n'éclora jamais en œuvre-fils. Enclos dans le besoin de la mère, et rassasié précocement par lui, l'enfant ne prendra jamais sa taille adulte. Il sera privé de la dimension d'altérité qui seule protège de la dévoration d'autrui. Sous une forme ou sous une autre, dans le mariage, la vie religieuse ou la profession, le monde ne pourra être vécu que comme le substitut adoré ou abhorré du giron maternel. Réciproquement, d'ailleurs, les autres hommes ne se découvriront pas à travers lui, tout *occupé* qu'il sera de la mère protectrice et comblante, copie sans souffle d'un envahissant modèle. De la même façon, si, à travers nous, s'impose aux autres l'image d'un Dieu dont la prétendue omniprésence ne laisse aucune place à notre liberté, jamais ils n'y reconnaîtront l'espace nécessaire au développement de leur propre filiation. Jamais ils ne s'y reconnaîtront. Dieu ne leur apparaîtra que sous les traits d'une idole, revêtu de notre puissance imaginaire.

Quand le besoin de l'objet et la satisfaction du travail se transmuent en renoncement et en dessaisissement, l'étonnement prend la place de la revendication. C'est peut-être le premier signe de l'amour. Le pain gagné à la sueur de nos fronts n'est plus seulement du pain, il est aussi manne : il est le signe dont la disparition ne réduit pas la présence mais l'avoue. Comme la manne, si c'est *seulement* le pain que je recherche et que je l'entasse pour n'en point manquer, il pourrit. La présence ne se conserve pas : elle est autre chose que la chose.

Ainsi, comme n'importe quelle activité portant le sceau de l'humain, le travail *est* prière au sens où nous l'avons entendu. Comme elle, il est lieu de transformation du besoin en désir, passage de la contrainte de l'obligation à la gratuité de l'amour. En lui, la loi qui structure l'homme s'accomplit, non pas abolie mais dépassée.

Paraphrasant sainte Thérèse, nous pouvons appliquer au travail ce qu'elle dit de la prière : « Quand je vois des personnes tellement appliquées à examiner leur besogne et tellement préoccupées quand elles s'y livrent qu'elles semblent ne pas oser en détourner la pensée, dans la crainte de perdre tant soit peu de temps et d'argent, et quand je les vois s'imaginer que toute la perfection humaine consiste en cela, je me dis qu'elles comprennent bien mal ce que doit être le chemin qui mène à l'union. Ce sont des œuvres — c'est-à-dire quelque chose qui manifeste notre manque-à-être — que le Seigneur demande de nous. »

Au terme de ce cheminement, peut-être entrevoyons-nous ce qu'a de fallacieux la sempiternelle opposition entre prière et travail ? Que si nous y voyons des activités opposées ou complémentaires, l'une et l'autre peuvent nous asphyxier. Sorte de respiration — la respiration implique un renversement de l'air et du mouvement qui le propulse — l'opposition est bien plutôt en chacune d'elles qu'entre elles : c'est à sa faveur que se crée ou se défait l'espace de nos existences, entre le besoin de vivre et le désir de la vie que nous enseigne l'expérience de la mort parce qu'elle nous en détache. Ce souffle fragile qui nous tient à la vie et que la mort nous fait *rendre*, l'homme trouve son vrai repos à ne jamais le confisquer. Il est le chiffre indéchiffrable de sa présence à lui-même, l'image de Dieu.

Les gens qui prient *vraiment* comme ceux qui travaillent *vraiment*, on les reconnaît à ceci qu'ils *n'économisent pas* leur souffle, en même temps que leur prière et leur travail ne sont encombrants pour personne. Ils savent, d'ailleurs, merveilleusement *perdre* leur temps. C'est que, pour eux, il n'y a pas de temps perdu. Le temps, l'espace, le savoir ne sont plus vécus *seulement* comme des objets à acquérir et qui les rassasieraient, mais aussi comme la révélation, avec la blessure qui la marque, de leur présence à eux-mêmes, au monde et à Dieu.

II

LE RENONCEMENT OU LA VÉRITÉ DU DÉSIR

Le mot « renoncement » est ambigu. Il est plusieurs fois revenu dans les pages qui précèdent, relatif à la libération du désir. Il faut nous en expliquer. Le renoncement, en effet, sonne aux oreilles de beaucoup comme le glas du plaisir, il évoque la *mortification* du corps et du cœur. Il implique l'expérience d'un détachement qui, à différents degrés, a la saveur de la mort. Il balise de ses déchirements la voie d'une vie dite « spirituelle » qui, de nos jours, désigne une vie désincarnée à laquelle ceux qui font profession de s'adonner croient de moins en moins. Dans cette perspective, il suffirait de renoncer au monde pour plaire à Dieu, pour accéder au désir. Renoncer serait la conséquence d'une volonté plus ou moins rigide d'obéir à une loi morale, sociale ou religieuse. Obéir ainsi donnerait l'assurance à l'être qui s'engage dans cette voie qu'il vaut quelque chose aux yeux des hommes et de Dieu. L'obéissance à la loi lui garantirait son *salut*. Le prix qu'il lui faudrait payer pour l'obtention de ce salut serait le refus de toute satisfaction dans l'exercice de la raison et du corps, interprété comme l'interdiction de la jouissance sans laquelle, précisément, la raison et le corps ne se saisissent pas dans l'ordre humain du franchissement de la limite. La jouissance, en effet, est liée à l'indicible expérience d'une raison ou d'un corps qui s'outrepassent, qui se rompent dans l'éclair de ce qu'ils éprouvent comme défaillance, passage à la limite. A partir de la fragile et puissante expérience de la jouissance, l'homme est conduit au renoncement, c'est-à-dire à la négation de la convoitise et de la possession d'un objet, quel qu'il soit. Quand il cherche à aller jusqu'au bout de la possession de l'objet, il se découvre dépossédé et de l'objet convoité et de sa convoitise et c'est là qu'il trouve le repos et qu'il entrevoit la vérité de son être. S'il en est ainsi, le renoncement *ne peut pas* être dans une relation d'antériorité à l'amour, il en est le fruit et l'acte. S'il n'en est pas ainsi, au lieu d'être vécu dans l'expérience de rupture — voire de non-sens — survenant dans le dérobement du sens que semblait devoir accomplir la possession de l'objet convoité, le renoncement se réduit à l'abstraction d'une idée *a priori* de la vie et de la mort. Il proclame, alors, que la mort a un sens et que la vie n'en a pas, vie et mort apparaissant comme deux entités abstraites et séparées entre lesquelles l'homme aurait à choisir. Dès lors, une telle attitude interdit l'expérience constitutive de l'homme qui fait sourdre dans la fragilité de ces limites imposées en définitive par la mort, la force victorieuse de la vie. Parce qu'il éprouve qu'il peut mourir, l'homme réalise qu'il vit. La mort est l'ultime limite à l'horizon de sa finitude, et la subversion de toutes les autres frontières, dans le temps et l'espace de sa vie, vise à son franchissement. Le fait brut de la mort est le diamant d'ombre que révèle l'éclat de la lumière vivante. L'homme n'est ni la vie qu'il croit être, ni la mort qu'il ne veut pas être, il est la trace lumineuse de leur lutte. Le corps est l'écrin de la mort et les portes de ses sens laissent jouer sur cette pierre inaltérable la lumière de la vie : de cette rencontre naît l'éclat de la parole. Celui qui n'a jamais contemplé le jeu de la lumière sur un diamant n'aura jamais qu'une idée sans vie et de la lumière et de l'opacité de la nuit. Ainsi en est-il de l'homme qui, dans l'*a priori* d'une idée reçue, renonce à la vie sans avoir fait l'expérience de la mort. Il se laisse prendre au faux-semblant d'une vie et d'une mort de pacotille. Le faux éclat de sa parole sera le signe — et le seul — de l'inauthenticité de son expérience, quels que soient les subterfuges auxquels il se livrera pour la donner comme vraie.

Le mot *parole* est employé, tout au long de notre étude, au sens fort. La parole est l'acte symbolique par excellence. Elle naît du conflit des forces de la vie et de la mort, mais elle n'est ni la vie, ni la mort. Elle témoigne seulement du réel de l'une et de l'autre, impossibles à concevoir l'une sans l'autre. Elle tient sa force de ce que, en elle et par elle, jaillit constamment l'irréductible contradiction de son origine — le heurt de la vie et de la mort — dans le champ d'un discours dont la cohérence tente perpétuellement de réduire la contradiction originelle. La parole est tout à la fois le lien et la rupture entre la vérité insaisissable où elle s'origine et le savoir où elle s'épuise. Elle ouvre d'une part sur un certain savoir de la vie et de la mort que l'homme cherche à saisir, et, d'autre part, sur l'absolu de la vérité toujours déliée du savoir. Instrument de savoir et de création, elle échappe à la science. Son irruption incessante témoigne du non-su. Elle est la source de toutes représentations, dont aucune ne peut rendre compte. Elle introduit dans l'ordre des représentations la dimension de la limite et de la mort en manifestant que ce que le savoir *représente* n'est jamais réellement *présent* à la représentation qu'il en donne. Elle articule savoir et vérité en les différenciant et rend possible le développement du savoir dans son ordre. Elle délivre de son inhérente convoitise le savoir, établissant ainsi les conditions de possibilité de son exercice, l'autorisant à jouir, sur le mode de la subversion, de la vérité de sujet à laquelle il renonce et qui se donne à lui comme son insaisissable origine et fin. S'il advient que le savoir trouve en lui-même son origine et sa fin — sa vérité — il s'anéantit immédiatement comme Narcisse qui, séduit par le reflet de son visage, s'engloutit dans le gouffre d'une représentation sans épaisseur, d'une idée. Au lieu de réaliser le corps de désir dont sa parole témoigne et dont il est l'instrument, l'homme se déréalise. Il se noie dans l'image qu'il se fait de lui, prise pour sa vérité originelle. Il ne perçoit plus qu'il est Autre que l'autre qu'il voit, et il sombre dans le désespoir du même, où le Savoir est identiquement la Vérité. Le chemin de cette déréalisation passe par l'idéalisation de l'homme qui ne tient compte ni du temps, ni de l'espace, ni de la méconnaissance que l'homme a de lui-même. Elle court-circuite la voie besogneuse de l'accès au désir. Elle l'anticipe et le joue afin d'éviter le renoncement véritable dont le lieu est le corps de l'homme, dans la conversion du besoin au désir, et non pas l'idée qu'il a de lui-même.

Pour nous, au contraire, le renoncement ne vient pas *avant* le désir de l'Autre, le prochain ou Dieu, *il en est l'acte.* En tant qu'acte, il n'est pas réductible à un moyen, il est le paradoxal accomplissement de l'objet et du sujet du désir, l'établissement dans leur différence réciproque.

S'il en était autrement, en effet, si le renoncement était à comprendre selon le premier sens que nous en avons donné, la foi en l'existence de Dieu tomberait dans la contradiction la plus meurtrière : Dieu auquel nous avons à nous conformer dans son Fils ne serait jamais que l'image narcissique de nous-mêmes, dévorés que nous serions par elle dans la mesure même où nous la posons comme la vérité de notre être. Voici, en substance, ce que serait le contenu d'une telle foi : en nous créant, c'est-à-dire en nous désirant pour ce que nous sommes — corps de désir — Dieu n'exigerait, dans un deuxième temps, pas autre chose que la non-réalisation de ce corps. Il suffirait à l'homme de détruire *avec conscience* ce qu'il est pour plaire à son Créateur et faire ainsi le méritoire aveu de son existence. La mise en œuvre de notre anéantissement irait de pair avec la manifestation de Dieu dans nos vies. Dilemme insoutenable et tragique : ou je réalise le corps désirant que je suis de par la volonté de Dieu et cela n'est possible que dans une certaine satisfaction de ce corps, une connaissance de lui, mais alors je suis convaincu d'offenser Dieu — ou je nie immédiatement mon besoin de vivre et, dans ma dissolution, Dieu se trouve névrotiquement glorifié du massacre de son œuvre. Comme si les deux sujets de cette relation d'engendrement n'existaient que pour s'exclure. La liberté de l'un réclamerait impérativement l'aliénation et la disparition de l'autre. L'oscillation du temps indiquerait deux possibilités extrêmes et exclusives l'une de l'autre : la confiscation de Dieu par l'homme, ou l'anéantissement de ce dernier au profit de la Toute-Puissance du premier. Nous sommes ici dans la problématique du pur besoin étudiée au chapitre précédent : Dieu n'y est conçu que comme image de l'homme. Il aurait besoin de nous comme nous avons besoin de lui. Géniteur puissamment captatif, sa création, son enfant, ne saurait se personnaliser en une unité indépendante de lui, même si l'éclat d'un manque ne devait jamais constituer l'homme qu'en une unité brisée. Dès lors il devient impossible de parler d'amour, s'il est vrai que l'amour est cette force qui unit les êtres dans l'acte même de leur irréconciliable différence.

Or, ce qui fait l'histoire de la Révélation réside en cette affirmation : « Dieu est amour » (1 Jn 4, 8). Une telle affirmation dit de Dieu ce qu'il est impossible de dire de l'homme [c'est pourquoi Dieu (le Dieu de Jésus-Christ) ne peut être que l'objet d'une foi] : en lui et avec lui, la différence des êtres équivaut parfaitement à leur union et réciproquement. Toute croissance de l'une fait croître l'autre. En l'homme et avec l'homme, l'équivalence entre l'union et la différence n'est jamais parfaite : il est corps du désir de cette identité dans la différence, il est le lieu et le temps d'un désir d'être qui ne se comprend, en définitive, que dans l'horizon d'un Etre de désir qui n'aurait plus *besoin* d'un lieu et d'un temps. Quoi qu'il en ait, cette visée d'impossibilité se découvre au cœur de l'homme comme un écho ou une trace. Comme le souvenir en lui de cela même qu'il vise et qu'il situe dans un lieu qui est pour lui non-lieu et dans un temps qui est pour lui non-temps : le moment de son origine et celui de sa fin.

C'est la marque de l'esprit, dont le signe est le corps de l'homme, que de mettre en question son signe, de poser la question de l'homme. Il ne peut le faire qu'en s'interrogeant sur son origine et sur sa fin, à la poursuite de ce qui, en lui, est et n'est pas lui : Autre. Nous avons vu que cette opération a quelque chose à voir avec l'éclosion du désir. Elle indique la vie de l'esprit qui, dans la mesure où il va « jusqu'au bout » de son opération, pose dans l'être de son désir, l'existence de l'autre. Il devient Autre. L'autre que je connais est *aussi* l'Autre que je ne connais pas. La majuscule indique la réalité ontologique de l'homme, l'inaccessible vérité qui est sienne et que la connaissance qu'il en a, tout à la fois, lui voile et lui dévoile. La méconnaissance du savoir ouvre l'homme, dans son corps, à la vérité qu'il cherche à connaître. Ce mouvement, cette visée d'impossibilité qui rend possible le savoir même en le marquant d'une cicatrice indélébile, ce mouvement est, pour nous, celui de la foi et celui de l'amour qui lui est identique. L'amour pose dans l'être l'autre à travers le désir-de-l'Autre dont cet autre est le siège. Il désire l'Autre à travers le besoin qu'il a de l'autre. L'homme est l'entrelacs de ce rapport de l'autre à l'Autre.

Ainsi l'amour est vie, vie qui unit les différences entre elles et dans leur différence même. Pour l'homme, cet amour de pur désir n'est accessible que par la médiation du besoin. Il n'est pas désir, il est corps de désir. Il est donné à l'homme de transmuer le rapport de consommation, dans lequel il s'origine et sans lequel il meurt, en rapport de *communion,* dans lequel les différences ne s'acharnent plus à se faire disparaître en nourriture, mais *peuvent* se réaliser en inaliénables libertés. Lorsque la consommation peut devenir le signe d'une communion, apparaît l'homme. Le petit d'homme, enroulé au ventre de sa mère dont il se nourrit, n'est différent du poisson dans la mer que dans le désir de ses parents. Ce champ du désir qui pré-existe à l'enfant tisse un réseau signifiant où sa naissance va l'insérer. Il est celui dont on parle. Il est désiré. C'est pourquoi le sang qui le forme, puis le lait qui l'alimente font couler dans chacune de ses cellules la marque indélébile de la filiation. Selon la *qualité* de ce réseau signifiant, selon la parole qu'auront échangée ses parents, l'enfant sera vécu sur le mode de la consommation ou de la filiation. Ou il sera le bel objet (ou le mauvais) de préoccupations multiples et engraissantes. Fixé en cet endroit, alibi du besoin parental baptisé amour et dévoré par lui, le rejeton dévorera à son tour sa souche avant d'être lui-même dévoré par de nouveaux rejets.

Ou, au contraire, s'il vient prendre place dans l'espace vide du réseau signifiant, sous le nom que déjà on lui donne mais dont on ne sait pas la réalité qu'il recouvrira, dont on ne sait rien, il a des chances de venir y nouer sa maille nouvelle et unique, irréductible à la préoccupation qu'on en a. Il sera Jean, un visage et un nom, fils d'Elisabeth et de Zacharie. Parce qu'il parle et qu'il nomme, l'homme introduit dans le magma mondain où règne la conformité de l'espèce, la marque de la différence individuelle. Là se manifeste l'esprit. Ce que la seule vie organique ne pouvait faire, il le réalise : dans la ressemblance de l'espèce, il maintient, comme essentielle, la différence. En son point de rupture, l'économie de la production-consommation s'ouvre à un autre ordre que par analogie on appelle encore « économie », l'économie de l'amour. La seconde s'articule à la première par l'acte de la libération du désir : le renoncement. « Comprenne qui pourra[1] ! » Seuls ceux qui aiment le peuvent.

« Je vous le dis, frères, écrit saint Paul : le temps se fait court.
Reste donc que ceux qui ont femme vivent comme s'ils n'en avaient pas,
ceux qui pleurent comme s'ils ne pleuraient pas,
ceux qui sont dans la joie comme s'ils n'étaient pas dans la joie,

1. Matthieu, 19, 12.

ceux qui achètent comme s'ils ne possédaient pas,
ceux qui usent de ce monde comme s'ils n'en usaient pas
véritablement.
Car elle passe la figure de ce monde » (1 Co 7, 29-31).

Le temps est court, il faudrait traduire « le temps tourne court ». Car le temps de l'amour, c'est le moment présent. En renonçant à cela même dont il se sert, à son objet, l'amour suspend la figure de ce temps. Comme l'art. Aimer est un art qui transforme en réalité d'un monde-qui-dure, l'évanouissement du temps et de l'espace. L'amour fait entrevoir à l'homme un Royaume éternel dans la figure du monde qui passe. Il maintient ensemble l'infini de l'acte et le fini du temps, l'un dans l'autre.

Si le renoncement du désir ne laisse pas surgir l'Autre dans l'autre, c'est qu'il prête son nom — et son seul nom — à ce qui n'est pas lui. Au lieu de laisser vivre, il devient possession exclusive (ce que les auteurs traditionnels appellent « affection désordonnée »), peur de vivre ou construction intellectuelle d'un monde abstrait. Il ne permet pas la liberté d'une présence dans la responsabilité et le service. Avant d'envisager les fruits auxquels on le reconnaît, nous allons dire quelques mots des déviations qui peuvent prendre son nom.

L'affection désordonnée, la peur de vivre et la perversion d'un monde abstrait

Si l'affection *désordonnée* est stigmatisée comme une des entraves les plus puissantes au développement de l'homme, c'est qu'en effet, par elle, la tendresse humaine est ramenée à l'économie de la consommation. Elle est désordonnée parce qu'elle n'est pas dans l'ordre de l'économie amoureuse. Le sujet s'y trouve réduit à l'état d'objet de l'autre. Il entend donner la preuve de l'authenticité de son amour en justifiant un exclusivisme massif à l'endroit de l'objet aimé. Il lui donne un surcroît de réalité qui lui confère une prééminence absolue sur tout et tous ceux qui l'entourent. Il clame bien haut sa bienveillance, et sa propre clameur lui cache qu'il succombe à une invasion impérialiste qui exige, pour ainsi dire, la déréalisation du reste du monde, y compris de lui-même. Il ne se définit que dans le pur rapport à l'autre et tient pour rien le rapport de l'autre au monde et aux autres, qui le constitue comme Autre pour lui. A l'extrême limite, tout ce qui n'est pas lui n'est rien : il est *sa* vie. « Sans toi, dit classiquement l'amant, je ne peux plus vivre. » L'effritement d'une telle relation s'accompagne de la menace du suicide : elle en est la conséquence logique. Si « toi est moi », la disparition ou la séparation du « toi » entraîne la mort du « moi ». Il est clair qu'une telle relation vise à supprimer le temps et l'espace de ce monde en tant qu'il passe. Elle tente de supprimer la mort et, ce faisant, elle barre tout accès à la communion qui exige la différenciation des gens qui s'aiment. Jusqu'à la mort. Il n'y a pas amour : il y a confusion.

L'objet d'un tel amour (peut-on encore employer ce mot ?) est survalorisé. Il devient l'Objet, l'étalon-or, référence de toute mesure. Il est ce sans quoi rien n'existe, il est la contradiction d'une figure qui ne passerait pas dans un monde qui passe. Il est l'idole. Mais parce qu'elle confisque le temps, l'espace et le savoir, l'idole leur interdit d'être l'évanouissante médiation qu'ils devraient être. Hors de sa matérielle présence (objet), le temps devient impatience, l'espace vertige et la connaissance jalousie : ils ne sont plus le lieu de l'émergence du désir. On comprend, dès lors, que tout obstacle à une telle relation, vécue sur le mode de la consommation, soit générateur d'angoisse et fasse surgir la menace d'un péril d'autant plus redoutable qu'il est imaginaire. L'affection désordonnée est de l'ordre de la nécessité où l'absence et, à un degré de plus, la mort ne se symbolisent nulle part. Au lieu de donner « sa vie » pour ceux qu'il aime — ce qu'il croit faire d'ailleurs — un tel amour tue en se tuant. Il n'offre que sa mort et encore est-elle imaginaire. Parce qu'il ne peut supporter la limitation et la différence qui inscrivent l'autre et soi-même dans une même réalité symbolique édifiée dans une sorte de renversement ou de rebroussement du rapport à l'autre dans le rapport à l'Autre, parce qu'il ne peut supporter ce dérobement où se profile la mort, il le nie.

Renoncement et abnégation n'ont rien à voir avec cette négation. Ou plutôt, si : c'est elle qu'ils nient. Ils sont négation de cette infantile négation. En effet le premier mouvement du vivant — du poisson comme de l'enfant — est de nier ce qui n'est pas lui, ce qui lui échappe. Hors de ce qui se réfère à lui, le monde n'existe pas. Cette attitude se retrouve dans le pur subjectivisme de l'adulte qui finit par écraser le sujet lui-même dans la platitude d'un objet de rêve. Le second moment de l'homme (second n'est pas à prendre ici au sens chronologique) — celui de l'esprit — consiste *en une reconnaissance du monde dans la méconnaissance qu'il en a.* Le constant renoncement au premier articule structurellement les deux mouvements. S'il n'est pas réalisé, pour une raison ou pour une autre, il prend la forme d'une *contestation* du monde. L'expression de cette contestation peut aller jusqu'à la violence. Quand l'homme ne parvient plus à se perdre dans le monde pour y trouver sa vie sur le mode de la différence, quand sa seule issue lui apparaît fermée et qu'il n'y a de destin pour lui que dans la noyade de la conformité au sein d'un monde qu'il réprouve inconsciemment parce qu'il ne rend plus compte de son inaliénable différence, alors la force créatrice éclate en révolution. La révolution est le re-surgissement inconscient de l'angoisse de mort refoulée, déniée. Elle fait sauter le verrou asphyxiant de l'économie des choses — celle de notre monde besogneux et technique —, elle dilapide les monuments d'une société ou d'une culture : nés de la question de l'homme, ils sont devenus, pour elle, le principal obstacle au surgissement de cette question qui ne se pose jamais qu'en confrontant l'homme au problème unique de sa mort et de son origine. *L'affection désordonnée du monde pour ses propres productions* (elles lui dictent leur volonté de façon impérialiste) *appelle la révolution.* En ramenant sa vie à une dialectique du pur besoin, l'homme s'engloutit dans son objet. Il ne perd-plus-sa-vie-pour-la-trouver, il en crève. Une telle réduction lui devient insupportable, c'est pourquoi le milieu « petit bourgeois » reste une pépinière de « révolutionnaires ». Perdre sa vie pour la trouver implique le mouvement de césure, l'émondage ombilical, la coupure qui sépare l'homme du monde et le fait respirer pour son propre compte. Alors, mais alors seulement, il peut risquer *sa* vie, c'est-à-dire la perdre. Ceci n'arrive que lorsqu'il sait ce qu'il en coûte de mourir.

Sans l'apprentissage de la séparation dans la présence même, l'homme est conduit au refus plus ou moins conscient de la mort : *il ne peut l'imaginer, il imagine la vie.* L'affection désordonnée est une vie imaginaire dont l'inconsciente racine est la peur de la mort.

Il se peut, au contraire, qu'une certaine *peur de vivre* inconsciente rende continuellement présent à la conscience l'attrait de la mort. Ceci est plus difficile à expliciter, mais n'en est pas moins certain. Faute de pouvoir imaginer la vie, le sujet imagine la mort. En d'autres termes, l'on peut considérer qu'il refuse (imaginairement) de sortir du non-temps originel où il a pris naissance. Il y a des hommes qui passent leur vie à nier leur naissance. Une telle structure peut donner le change et se manifester comme un renoncement : elle ne l'est pas. Elle est la tentative impossible de *n'être pas,* de ne pas naître. Une telle attitude profonde dit rarement son nom explicitement, sauf chez les suicidaires. Mais il y a de pseudo-renoncements qui sont des suicides.

La psychanalyse nous a appris que très tôt chacun d'entre nous joue avec la mort. C'est ainsi que, symboliquement, il la maîtrise pour vivre. Mais s'il advient que, dans le temps de ce *jeu* (qui dit jeu, dit nécessairement symbolisation), le spectre de la mort réelle du père fasse irruption, l'enfant qui la provoque symboliquement pour se rendre maître de sa propre vie, s'imagine en être la cause véritable. Ainsi, lorsqu'il arrive qu'à l'envie de tuer le père ou de le voir disparaître qui ne manque jamais de surgir dans l'imagination d'un enfant, vient coïncider la mort effective du père, l'enfant se vivra comme coupable de cette mort. Ce jugement inconscient qu'il porte sur lui fera peser sur lui le châtiment du meurtrier : il doit mourir. Bien mieux, sa vie est signe efficace de mort. Il confond, pour ainsi dire, sa propre naissance et la mort de l'autre : sa vie a le goût de la mort. Une telle confusion structurante, dans laquelle la vie est vécue comme mort, est difficile à dénouer. Elle plonge très avant ses racines autour de la naissance, voire dans la préhistoire de l'individu. Mourir est le seul moyen de ne plus être un meurtrier. C'est ce que dit d'ailleurs, au niveau des lois sociales, le Code pénal. Cette manière d'être vise à *éviter* le besoin de vivre — qui se caractérise, nous l'avons vu, par l'absorption de l'autre et sa réduction dans le lait — pour éviter l'aveu à la conscience que ce besoin de vivre est porteur de mort. Aucune explication rationnelle n'atteint ce niveau de profondeur pour permettre de décontaminer la vie de son chancre mortel. Il y faut d'autres voies.

L'évitement de la vie et de l'agressivité qu'elle met nécessairement au service de sa conservation prend les multiples formes dénégatrices d'une force cachée : de tels sujets sont timides, scrupuleux, d'une politesse exquise, d'un effacement qui étonne, bien qu'on le loue. La plupart du temps, d'ailleurs, les éducateurs vont tenter de les initier à toutes les formes de combat ou de lutte, ce qui redouble le sentiment incoercible de culpabilité et provoque la panique. A moins que certains maîtres religieux n'y « discernent » les dispositions authentiques à la vie de renoncement à laquelle ils les croient appelés. On célèbre alors comme vertus ce qui est l'incapacité d'y accéder jamais. De telles erreurs sont très graves : elles exposent ceux qui en sont les victimes à d'intolérables ressentiments, à l'amertume de l'aigreur ou à l'apathie, le jour où, avec l'âge et dans son sillage, l'inévitable retour du refoulé transformera, sous des modalités diverses, les agneaux de jadis en jeunes loups intolérants, en proie à la conviction forcenée d'avoir été bernés. Ils l'ont été en effet, non par ceux qu'ils imaginent, mais par la rigueur de leur propre inconscient qu'ils projettent dès lors dans la rigidité des structures où ils se sont enfermés... sous prétexte de renoncement.

L'évitement de la vie se donne aussi souvent le visage du malheur ou de l'échec. Non plus le visage de celui que la société condamne, mais de celui qu'elle plaint ou qu'elle rejette, malade ou bon à rien, délinquant. Une réalité imaginée, en effet, répond à un besoin imaginaire et qui, comme tel, échappe à toute accusation. Comme si le sujet disait : « Vous voyez, ce n'est pas moi qui suis méchant (ou meurtrier), comment aurais-je fait une telle action puisque je ne suis même pas capable de réaliser ce que je veux. » Ainsi en va-t-il de l'étudiant qui prend une conscience très exacte de la qualité et de la quantité des connaissances exigées pour son concours, mais qui, crispé en rêve sur cette vision terminale, ne peut transformer si peu que ce soit sa situation concrète. Comme l'on dit quelquefois : « Ça ne mord pas. » Sur un autre registre, certes, c'est exactement cela qu'il veut se prouver. Il n'est pas capable de mordre (ou de tuer). Il s'interdit de devenir ce qu'il croit être. En travaillant consciemment à son succès, il prépare consciencieusement (mais inconsciemment) son échec.

Un des symptômes de la peur de vivre est l'engloutissement dans la *gourmandise*. Calmer impulsivement la faim jusqu'à l'impression de plénitude rassasiante, se remplir, c'est se donner imaginairement la complétude de l'objet sans faille, c'est supprimer en soi l'élan-vers qui caractérise le sujet. A sa racine, l'envie de la gourmandise laisse toujours découvrir la peur d'une frustration, d'un *manque* que le cumul ou l'avarice de la bourse ou du cœur cherche en vain à combler. Gourmandise sexuelle, gourmandise du savoir et des biens, gourmandise du temps. Tous les champs d'appréhension de l'homme sont susceptibles d'être frappés d'une requête indéfinie qui épuise sans jamais combler. Entre l'envie impérieuse et l'endormissement du rassasiement, il n'y a plus de temps pour le désir. La dialectique forcenée de la gourmandise implique l'immédiateté d'un renversement — vide, plein — plein, vide — qui ne laisse plus de place au cheminement et à l'éclatement du désir. Le gourmand rassasié est comme mort d'un *trop* de nourriture, d'un *trop* de travail, d'un *trop* d'études ou d'un *trop* de fatigue. Il oscille entre le trop et le pas assez, sans jamais, nulle part, trouver le repos. La gourmandise offre une nourriture déréalisée au corps ou à l'esprit, à l'appétit du vrai. Elle veut tout avaler. Elle n'est pas l'acte paradoxal du saisissement de l'autre (objet) qui laisse échapper l'Autre. Elle court-circuite la patiente et parfois douloureuse réalisation de soi. Elle ne paye pas du prix du temps, c'est-à-dire d'une existence réelle, la consistance du désir de l'autre. Ainsi en est-il du Don Juan qui masque son impuissance à exister et à laisser exister sous le couvert d'une intense activité génitale. Il se réassure perpétuellement grâce à son pouvoir irrésistible de conquête... sans que jamais l'objet de sa prise le délivre de son besoin de prendre. Il y a des Don Juan intellectuels et spirituels... Ils *se croient* érudits ou parfaits.

Ce que nous avons appelé l'*abstraction* possède, quant à elle, la perversité d'une compréhension intellectuelle de tous les moments de l'expérience humaine, alors que les attitudes que nous avons tenté de décrire plus haut péchaient par l'irrespect de l'un ou l'autre de ces moments. Mais dans la mesure où la connaissance intellectuelle — abstraite, séparée de l'expérience — précède l'expérience, elle n'a pas le goût de la vie, elle est à elle-même sa propre jouissance, elle devient une barrière quasi insurmontable pour plonger dans le bain d'une expérience vivante et vivifiante. Comme si vivre n'était pas vivre, mais connaître les lois de la vie. Les pervers *savent* ce qu'ils devraient *vivre :* leur vie est ordonnée à la confirmation de leur savoir au lieu que le savoir soit l'expression de leur vie. Ils sont sans corps, mais ils en connaissent tous les secrets et toutes les lois qu'ils cherchent souvent, avec une acuité bien connue, à prendre en défaut, ce qui est leur manière à eux d'en avouer l'implacable rigueur, en même temps qu'ils cherchent à transgresser cette légalité pour s'efforcer de retrouver leur corps perdu.

Ainsi en va-t-il de ceux qui savent ce qu'est le renoncement : ils connaissent parfaitement la structure du désir, mais sont impuissants à le vivre. La perversion est le royaume de la parfaite fausse connaissance, qui n'est parfaitement fausse que de ressembler *presque* parfaitement à la vraie. Le *presque* réside en ceci qu'elle n'a jamais la *saveur* de la vraie : la perversion est génératrice d'angoisse ou d'indifférence là où la vraie connaissance se saborde elle-même dans la joie. Ici non plus la perversion sexuelle n'est pas la seule possible. Il existe aussi une perversion de l'esprit, une perversion morale. C'est ainsi que l'abstraction perverse — c'est-à-dire première et non pas seconde par rapport à l'expérience — fait de l'abnégation l'inconsciente comédie de l'abnégation. Quel que soit le gain névrotique immédiat qu'un homme retire d'une telle attitude, ce « sacrifié » de l'amour souffre de ne jamais pouvoir ancrer la technique assurée de son savoir dans la vérité confuse de son corps. Sa parole n'est jamais prière, au sens où nous la définissions comme le lieu d'ancrage de la parole dans le corps, elle se réfère toujours à un langage, à un réseau de signifiants connus dans lequel son corps lui-même n'a pas été inséré en tant que signifiant. La parole d'un tel individu ne passe plus, pour devenir signifiante de son être, par la porte étroite de son corps. Comme si la lettre s'était libérée de l'esprit, et le verbe, du corps qui l'actualise. Le renoncement, dès lors, est le signe sans contenu de l'acte du désir. Un acte vain. Une forme vide d'acte. Dans un tel contexte, affirmer avoir dépassé le stade du désir, être au-delà, signifie qu'on n'y a jamais accédé, qu'on est en deçà. Le visage d'un Christ éthéré peut venir d'autant plus facilement justifier cette affirmation sans fondement (dans le corps) qu'elle cache une impuissance plus grande à la réalisation du désir. On aime le Christ, ce qui évite — sous prétexte inconscient de perfection — de s'engager dans une relation d'amour. Si le fer n'est pas porté au cœur de cette paix fallacieuse et lisse, toutes les ressources de la vie sont mobilisées au profit d'un univers sans consistance, d'une construction bâtie sur le sable. Le contenu du renoncement n'est plus l'amour, c'est-à-dire l'étroite et impossible appréhension de la réalité donnée des mains de Dieu, il est « pas l'amour ».

Dès lors, les hommes engagés dans un processus qui les sépare de leur corps ne peuvent véritablement perdre une vie qu'ils n'ont jamais eue. Artisans d'une indéfinie macération, ils *jouent* à perdre ce qu'ils n'ont pas et leur tristesse ne se transforme jamais en joie. Quoi qu'ils en disent. Leur comportement dans le monde est sans vigueur et sans élégance. Bientôt ils ne pourront plus éprouver que ce qui fait la force de l'homme est sa faiblesse. Ou bien, si l'âge et les circonstances finissent par mettre au jour leur inhérente fragilité, ils ne peuvent la supporter : ils s'effondrent. La fausse connaissance de soi et la fausse reconnaissance de l'autre sont pires que la méconnaissance et que l'erreur. Méconnaissance et erreur, nous l'avons vu, balisent le chemin de la vérité. La perversité de l'abstraction tient à ce qu'elle le barre alors même qu'elle prétend y introduire.

Au terme de ces esquisses analytiques, il apparaît que, pour être la dernière expression de l'amour, le renoncement n'est pas ce qui évite le désir : il en est l'acte qui tient ensemble les différences sans les réduire. C'est pourquoi il n'a pas de place dans les attitudes précédentes. L'affection désordonnée tente de nier la différence de l'autre et, par conséquent, du monde, dans la surestimation imaginaire et idolâtre d'une partie de ce monde, d'*un* autre. La peur de vivre cherche à minimiser, voire à nier la différence vivante d'un sujet en face du monde ou de l'objet d'amour. L'abstraction perverse imagine les différences pour n'avoir pas à les vivre. Elle réduit l'expérience de l'amour à l'idée qu'elle en a. Elle évite le conflit des différences et le surgissement du désir en faisant exister *déjà* dans le savoir ce qui n'existe *pas encore* dans l'expérience. Elle nie les différences *de fait* par le biais subtil des différences *de droit*.

Il va sans dire que notre discours s'interdit toute visée « morale » au sens classique du mot, qui veut départager le bien du mal. L'analyse poursuivie veut être moins un jugement de valeur que le discernement d'une structure. Ce discernement — comme tout discernement véritable — s'accompagne d'une suspension du jugement moral. Nous avons pourtant parlé de règle et de loi. Il n'y a pas, en effet, d'être humain sans rapport à la loi qui le structure. C'est pourquoi il nous faut maintenant envisager la place de la loi dans la structure du désir.

Le désir et la Loi.

Si le désir est l'essence de l'homme et s'il est ordonné à la reconnaissance de la différence en soi et en l'autre, la loi est, elle, l'expression et la garantie du désir. Elle est, au niveau formel de l'expression, comme à celui agissant de la structure, ce qui médiatise le rapport des hommes entre eux. Elle fait peser, sur la problématique du besoin, l'*interdit*. La psychanalyse montre qu'elle trouve sa source dans l'interdit œdipien, dans l'interdit de l'inceste. Le père, en effet, est porteur de cette loi primordiale qui interdit à l'enfant la mère. C'est dire que l'intériorisation structurante de la loi, dans son origine même, entretient un rapport étroit et nécessaire avec la différence sexuelle, modèle et référence de toutes les autres différences. L'interdit de la mère comme objet total d'amour oblige l'enfant à reconnaître en son père le sujet d'un désir qui n'est pas le sien et qu'il va, avant de le reconnaître, tenter d'ignorer ou de nier. Ainsi prend naissance ce fameux fantasme de meurtre vis-à-vis du père qui peut aller jusqu'à la volonté d'en effacer le nom. Dans sa reconnaissance, pourtant, et dans le renoncement à ce premier objet d'amour, l'enfant va se structurer en sujet. Nous n'avons pas ici à nous attarder sur ce problème difficile. Ces quelques mots nous permettent cependant de pressentir qu'autour de ce désir du père qui fait LOI, se noue le sujet humain. En ayant force de loi, le désir du père signifie que l'enfant n'est pas à lui seul la satisfaction de toute la mère, qu'elle lui demeure étrangère, Autre ; que, malgré le mal qu'il se donne, il ne peut remplacer le père, qu'il ne l'*est* pas, bien qu'il soit, lui aussi, objet de satisfaction de la mère. Dans cette relation triangulaire et dissymétrique, s'édifie la *différence* de l'enfant qui, bien que comme lui ou comme elle, n'est ni l'un ni l'autre. Ce processus est grossièrement valable pour les deux sexes : à partir de lui est rendue possible l'identification au parent du même sexe.

En son origine même, le processus qui pose l'homme en sujet est un *délogement*. Il lui faut quitter la place, toute la place, qu'il veut prendre. Cerclé [1] dans son corps, il est limité dans sa consommation du monde par le désir d'un autre. Il n'a qu'une issue possible : devenir à son tour être de désir dans l'épreuve de sa limite. La connaissance de soi ouvre à la reconnaissance d'autrui. Il n'est qu'un être parmi d'autres, même et autre.

Si la loi n'est pas ordonnée à l'aménagement d'un espace à deux dimensions, dans lequel toutes les différences s'articulent sans se réduire entièrement, l'homme est voué à vivre dans un univers imaginaire où il se croit tout-puissant. C'est alors qu'il confisque à son unique

1. Expression que sainte Catherine de Sienne emploie tout au long de ses écrits ; cf. *Le Livre des dialogues,* Seuil, 1953.

profit la loi. Dans ce cas, la loi n'est plus médiatrice entre lui et l'autre, elle devient, dans ses mains, l'arme la plus redoutable qui soit. Il s'identifie immédiatement à elle. Elle n'est plus l'agent qui le déloge de son « bon droit » et qui le met en question. Elle est en elle-même son rempart et son bouclier : en elle-même et non plus par la médiation qu'elle opère. La loi n'indique plus le surgissement de l'Autre en moi ou dans le prochain, elle en est le verrouillage le plus sûr. Alors toute différence tend à s'estomper et à disparaître : il n'y a que moi et la loi qui me justifie. L'autre n'a plus qu'à se comporter comme moi s'il veut obéir à la loi. Ainsi la légalité se substitue à l'amour, alors qu'elle a pour fonction d'en être l'expression et la garantie. Au lieu de me découvrir à la lumière de la loi différent de ce que je croyais être, je juge mon frère par le truchement de la loi parce qu'il est différent de moi. Il n'y a pas de meilleure illustration à cette analyse que la péricope évangélique de saint Jean mettant en scène, au chapitre 8, la femme adultère, les pharisiens et le Christ, ou que le passage de saint Luc, au chapitre 7, racontant l'irruption de la pécheresse au milieu d'un repas que Jésus prenait chez un pharisien. Dans l'évangile — et pas davantage dans les lettres de saint Paul — la loi ne vaut par elle-même. Elle ne vaut qu'en tant qu'elle révèle l'homme et Dieu pour ce qu'ils sont. C'est pourquoi c'est en Jésus-Christ que, dans la foi, elle trouve sa perfection. En lui, elle redevient médiatrice... c'est-à-dire qu'elle libère l'homme. Il n'est pas indifférent de constater, d'ailleurs, que dans le texte évangélique cette remise en place de la loi se fait à propos d'un jugement des pharisiens sur un comportement sexuel. Dans les deux cas, le jugement accusateur rejoint la perversion qu'il dénonce. Dès que le sexe et la loi ne sont plus médiateurs entre les êtres, dès qu'ils deviennent à eux-mêmes leur propre fin, ils pervertissent et aliènent ceux qui s'imaginent en jouir ou en profiter. Ainsi en va-t-il de la règle de vic religieuse elle-même dans son expression la plus traditionnelle : pauvreté, chasteté, obéissance. Que la consécration d'un homme ou d'une femme trouve dans la chasteté — c'est-à-dire dans le champ de la sexualité reconnue à la fois comme limite de l'homme et source de son désir — l'aveu le plus profond de l'amour, voilà qui manifeste clairement que le rapport de l'homme à Dieu passe par la médiation de notre différence sexuée. La problématique de la sexualité nous ouvre à celle du manque-à-être dans le champ du désir de l'Autre. Elle peut aussi être prétexte à obturer toute voie qui y mène. Les trois vœux, comme le mariage, réalisent l'homme s'ils sont pour lui une voie d'accès toujours ouverte au désir ; ils le déréalisent s'il y trouve l'auto-complaisance d'une justification. Plus le risque de l'ouverture est grand, plus grand est aussi le risque d'en refuser plus ou moins consciemment la démarche, de troquer « l'image du Dieu vivant », l'homme Jésus, contre « l'image abstraite de Dieu », la Loi seule, devenue miroir de l'homme.

Pour nous, enclos dans le monde pour éclore à la vie de l'esprit, séparer l'image de Dieu de la réalité de l'homme revient à fixer, dans une irréalité étrangère à la vie, et Dieu et l'homme. Or, nous avons vu que le renoncement n'a rien à voir avec la négation de la mort ou la fuite de l'existence. C'est bien plutôt à cette fuite dans un monde imaginaire ou trop précocement « surnaturalisé » qu'il s'agit de renoncer pour vivre. Plus exactement, ce renoncement-là *est* la vie même. Il se reconnaît à ce que la présence de l'autre n'est plus vécue comme une invasion ou une préoccupation obsédante, à ce qu'elle libère une parole proférée de plus en plus comme la mienne et m'engageant dans un service décontaminé de la servilité.

Présence, responsabilité et service

Le contact corporel est le support de la rencontre. L'homme a besoin de toucher l'autre pour croire en l'existence de l'Autre. Cette *foi* en l'Autre le libère pour un temps plus ou moins limité de la nécessité de « prendre » l'autre. La présence de quelqu'un n'est pas réductible au corps à corps : elle devient possible dans l'absence même. Dans toute rencontre humaine véritable, l'activité sensorielle qui est de l'ordre du besoin est le signe de la différence des êtres qu'elle met en présence et qui échappent à l'appréhension de cette activité même. Le besoin du temps, de l'espace et de la connaissance dans la prière n'était pas toute la rencontre avec Dieu. Ainsi en est-il de l'union sexuelle qui, visant à l'unité d'une seule chair dans l'éclatement des limites du corps, confirme et consacre la différence des êtres qui s'aiment. L'éclair d'une telle union frappée de dessaisissement au moment même où elle s'accomplit tue la tension du besoin et laisse cependant subsister l'autre comme irréductible à l'objet d'un besoin : il est autre chose que la chose. En se renouvelant, une telle union renouvelle la différence des êtres, cette distance qu'elle cherche à combler. L'union sexuelle ne se réalise humainement que dans l'horizon d'une communion, d'une communauté de vie, la seule union qui réalise le vœu des amants, celle qui dure. Une union qui dure assure l'existence des différences dans le temps, car seul ce qui dure possède l'existence. Deux ne font qu'un qu'à condition de rester deux.

De même, dans l'histoire du salut, la rencontre de Dieu et de l'homme passe par un point de *contact* corporel qui est aussi un point de *rupture* où s'originent les différences : Jésus-Christ. Le corps de Jésus est le signe de la présence de Dieu et celui de la présence de l'homme. Au point que la présence de l'homme dans l'amour du prochain ne se réalise vraiment que dans l'horizon de la parfaite altérité de Dieu. La foi de l'Eglise passe par ce contact historiquement et sacramentellement. « Si je ne mets le doigt dans la marque des clous et si je ne mets la main dans son côté, proteste Thomas, je ne croirai pas » (Jn 20, 25). Et, plus explicitement encore chez saint Jean : « Ce que nos mains ont *touché* du Verbe de vie..., nous en rendons témoignage..., nous vous l'annonçons, afin que vous aussi soyez en *communion avec nous* » (1 Jn 1, 1-3). Ce n'est que dans le contact du corps qu'est attestée et transmise la « présence réelle ». La foi n'est pas décision pure, elle met en jeu le corps. En elle, l'*enclosion* et l'éclosion du désir fini de la chair témoignent de l'enclosion et de l'éclosion dans la chair du désir infini de l'Esprit. Elle pose comme fondement dernier de l'amour l'union des êtres dans leur différence même. Dans le Christ, l'unité est équivalemment la différence. « Le père et moi, nous sommes un » (Jn 10, 30), tout comme les époux ne sont qu'une seule chair. Tant que le « désir de la chair » (saint Paul), ce que nous appelons le besoin, ne témoigne que de lui, il tue ; quand il témoigne de la présence d'un Autre en lui et dans l'autre, il donne la vie. « Le désir de la chair, c'est la mort, tandis que le désir de l'esprit, c'est la vie et la paix » (Ro 8, 6).

Bien sûr, le désir englué de besoin qu'est l'homme ne peut créer les différences, la sienne et celle de Dieu. Il ne peut que les reconnaître, finalement, à la lumière de ce qui est, pour lui, de l'ordre de la Révélation. Mais c'est dans le même amour que création et reconnaissance se réalisent. C'est en aimant que l'homme a l'incroyable possibilité de maintenir dans l'existence la différence du créateur qu'il n'est pas et de la créature qu'il est. C'est en aimant, que son désir possible prend visée d'impossible. « Quant à nous, aimons, puisque lui nous a aimés le premier » (1 Jn 4, 19). La reconnaissance est re-création.

Grâce à la possibilité qui est sienne de connaître le monde et de reconnaître les hommes, ses frères, par la conversion qui lui est donnée de son besoin en désir, par le renoncement qu'elle implique et dans lequel il se trouve en se perdant, l'homme peut être conduit par Dieu, dans le lieu de son corps besogneux, au renoncement à son propre corps. Sa chair devient signe de l'esprit. En ceci, il ne fait que réaliser l'homme et le monde, et il ne peut le faire qu'en confessant Dieu.

En ce point de renversement — jamais vraiment atteint — désir et objet du désir, le monde ou Dieu, deviennent les critères de leur existence réciproque. Le désir n'est plus abstrait, séparé du contact. Au contraire, tout contact échappant à l'illusion qui lui est inhérente, celle du temps et de l'espace, se convertit en rencontre. Suscitée par la relation humaine dans le monde, la présence n'est plus de l'ordre du rêve et de sa surpuissance imaginaire, elle est ce qui donne au monde la consistance de sa réalité et de sa joie.

Dans cette « économie » qui articule le besoin et le désir, et en elle seulement, la chasteté — pour ne prendre qu'elle — n'est plus refus ou peur du contact, elle devient témoignage, dans le corps, du désir qui l'anime. C'est ainsi que toute créature que je touche, mon prochain, devient progressivement l'objet de mon désir, signe d'une existence reconnue et intouchable, inaltérable, différente. La mort du besoin — non sa négation — ouvre à la vie du désir.

Le mouvement qui entraîne, dès le début d'une vie, à discerner dans l'existence inaliénable de l'autre (dans l'Autre) la marque inaliénable de sa propre existence se poursuit tout au long de son développement : il en est la trame et le fil conducteur. Il conduit « jusqu'au bout » (Jn 13, 1), jusqu'à la mort. Si, après l'incarnation, Dieu s'était soustrait au contact meurtrier de l'homme, l'homme n'aurait jamais pu lire dans la mort de Dieu, attestant qu'il a vécu parmi les hommes, la « preuve » de son existence propre, de sa position dans l'être. A nouveau Dieu eût trôné dans les nimbes de sa toute-puissance, de son être inaccessible, et l'homme se fût réfugié dans le fantasme amoureux, dans le rêve dont la plus solide justification est la loi. Cette hypertrophie de la loi caractérise en effet Israël pour qui Dieu ne pouvait pas mourir. Dans la mort de Dieu, il ne peut reconnaître le signe suréminent de sa présence.

De même que le renoncement n'a pas d'autre lieu que le contact du monde, de même il ne se déroule pas ailleurs que dans le présent de la présence. Comme le désir dont il est l'acte, le renoncement rend présent l'autre comme Autre. Il avoue qu'aucune représentation de l'ami que je connais ne rend compte de son être tout entier. Pas plus que l'on n'aime une fois pour toutes, en un moment privilégié et circonscrit, localisé dans la richesse d'un passé ou dans l'espoir d'un avenir, pas davantage on ne renonce une fois pour toutes. Comme aimer, renoncer ne se conjugue qu'au présent. Le « renoncement en toutes choses » dont parlent les plus grands auteurs spirituels n'a rien à voir avec les empêcheurs de tourner en rond et la tristesse des envieux. Il est, au contraire, la marque d'une liberté qui peut se servir de tout dans la mesure où aucune partie de ce tout ne l'arrête et ne l'aliène. L'homme qui veut tout sans renoncer à cela même qu'il possède se met dans l'impossibilité de jouir de sa propriété et de ses richesses : il veut toujours posséder plus. Il met toujours son bonheur ailleurs qu'en lui. Paradoxalement, celui qui refuse le nécessaire étayage de la possession, celui qui prétend négliger entièrement son corps aboutit au même résultat. Il prend pour du renoncement son impuissance à vivre. Dans l'opinion publique, comme dans la pensée de bien des religieux, le renoncement semble être évacué hors de la réalité du temps présent — la seule. Il est localisé en un moment du passé, à l'entrée dans la vie religieuse, par exemple. Une bonne fois semble-t-il, la croix de l'oubli a été tracée sur le monde, décision héroïque dont l'incantation magique permettrait de repartir d'un nouveau pied. Un tel renoncement, confondu avec l'oubli de soi et trop souvent conseillé par certains supérieurs, ne tient pas compte de l'histoire du sujet. Cette histoire est pourtant constitutive d'un être : elle ne s'oublie pas par un effort désespéré et prétendument vertueux. Elle est la volonté même de Dieu, son lieu. L'oubli de soi ainsi compris n'est jamais que l'échec d'un refoulement volontaire. On ne cherche à oublier que ce dont on se souvient. Il s'apparente à quelque chose de soi qu'*on ne veut plus* voir ou entendre. Il est l'amputation rageuse ou naïve d'une décision qui ne tient pas compte du vécu du sujet et qui ne résistera pas au temps. Ce qui a été ainsi « oublié » resurgira consciemment ou inconsciemment sous une forme ou sous une autre. Souvent par le biais de la maladie ou de la dépression. Ce que nous appelons le désir actualise à chaque moment toute l'histoire d'un homme. Refuser une partie de cette histoire équivaut, dans une terminologie traditionnelle, à « tenter Dieu » en ne laissant pas parvenir l'homme que je suis à la réalisation de son être de désir. Répétons-le, ce processus destructeur est, la plupart du temps, inconscient et son enrayement ne dépend pas d'un effort. Les tentations du Christ, dans les évangiles synoptiques, sont de cet ordre. « Si tu es le Fils de Dieu » (Lc 4, 3), fais comme si tu n'étais pas un homme, fais comme si les pierres, la possession, la santé échappaient aux lois qui régissent ton corps. La porte étroite dont il est question dans l'Evangile ouvre sur la mort, elle n'en dispense pas. C'est pourquoi il appartient au chrétien de vivre. Cette porte étroite qui est aussi bien celle des sens ne s'ouvre que dans l'instant présent. Le pseudo-renoncement consiste à croire qu'elle a été ouverte *jadis* et une fois pour toutes (or il ne suffit pas de naître pour vivre) ou qu'elle le sera *demain* (or il ne suffit pas de mourir pour vivre). Il se vante soit d'avoir fait quelque chose, soit d'avoir à faire quelque chose. Les allégations ou les obligations ne lui manquent jamais. « Venez, dit le Seigneur : *maintenant* tout est prêt. J'ai acheté une terre, répond le premier, et *il me faut aller la voir...* » (Lc 14, 17 et sq). La porte du présent, indéfiniment ouverte à l'excuse ou à la justification, est fermée au renouvellement du désir. L'homme nouveau est celui qui la prend en renoncant aussi bien à sa vieille peau qu'aux lustres d'une vie future imaginaire.

L'oubli ou la haine de soi sont suspects au plus haut point quand ils sont allégués pour justifier l'atomisation d'une vie ou la non-utilisation d'une compétence réelle. La vertu ne fait jamais fi des exigences du temps et de l'espace. Elle ne délivre de soi que dans l'exacte mesure où l'attention au passé éclaire le conflit du présent et en discerne la véritable question. S'il n'est pas la recherche de ce dynamisme, l'oubli de soi est une feinte qui laisse la trace grondante d'un sentiment de culpabilité ou la manifestation aigrie d'une infériorité. Dans son double mouvement, le présent recueille l'être pour le donner. Quand ils ne sont pas imaginaires, accueil et don se développent dans les nécessités de la condition humaine, celles du corps. De là vient l'écho infini de l'être qui a le pouvoir limité de devenir ce qu'il est. Il faudrait écrire : de se laisser devenir ce qu'il est en se dépouillant de ce qu'il croit avoir.

Le développement des sciences dites « de l'homme » montre chaque jour davantage que l'homme croyait posséder la parole, la maîtrise, *l'avoir,* et qu'il n'en est, de fait, que l'*écho.* L'homme *est,* dans son corps, parole qui se réfléchit et qui réfléchit la parole de l'autre. Il est le signifiant d'une parole qui existe avant lui et perdure après lui et que son corps ancre dans le monde. Il est le mouvement même de la prière.

S'il en est vraiment ainsi, il n'est pas exagéré de dire que l'homme est réponse à la question que pose toute parole. Et la parole ne demande qu'une chose : être transmise. L'existence de l'homme est une parole transmise. Prenons garde, ici, que nous n'écrivons pas *Parole* mais bien *parole.* Seule la foi peut mettre à ce mot une majuscule. Elle croit que la Parole est l'être de l'homme, ce qu'il est appelé à devenir ontologiquement. L'homme n'est pas, pour elle, pure opération. Il est Opération de la Parole de Dieu, opération qui a un sens. Pour elle, cette Parole opératoire, le Verbe, se révèle dans le Christ. A sa mesure, mais comme lui, l'homme a le pouvoir de la confisquer ou de la « rendre » (Jn 19, 30).

C'est au simple niveau opératoire que nous avons entrepris cette analyse. C'est à ce niveau que nous la poursuivrons, même si nous faisons appel à la vision de l'homme qui se dégage de la lecture et de la relecture de l'Evangile et de la Bible. Cela peut aider le chrétien à découvrir que le christianisme ne s'oppose pas à la compréhension de l'homme par lui-même. Au contraire. Nous croyons qu'il porte et portera sans cesse l'homme dans la voie d'une compréhension toujours plus profonde de lui-même.

En vérité, l'homme *n'a pas* la parole. Il en *est* la trace. Quand elle surgit en lui, il croit la prendre. Il croit donner ce qu'il reçoit. En fait, il ne fait que transmettre la parole et la vie. Il ne donne que ce qu'il reçoit. Là se situe toute sa *responsabilité*. Il a à se laisser devenir responsable du mouvement qui le crée. Et dans cette équivalence toujours approximative du donner et du recevoir, nous avons pointé la continuité et la rupture du désir. En faisant irruption en lui, le désir de son souffle et du souffle des autres le rend responsable de son souffle. Bien qu'il n'en soit que l'écho plus ou moins distordu, il en répond comme du sien. Dès qu'il cesse de rendre l'air qu'il respire, il suspend son souffle et meurt. Dès qu'il cesse de renvoyer comme un écho unique la parole qu'il entend, il la perd. Dès qu'il cesse de transmettre la vie qu'il a reçue, il se dessèche. Dès que, pour une raison ou pour une autre, se trouve dissocié le mouvement d'« allant-devenant » — selon l'expression souvent employée par le docteur Françoise Dolto — il ne *répond* plus à la question d'une parole qu'il n'a pas mais qu'il *est* en écho de celle qui lui est adressée. Cet écho, il ne peut que le répercuter d'âge en âge et d'un coin de la terre à l'autre. Il est le maillon structurant d'une chaîne dont il est, en écho, l'origine et la fin. S'il n'entend pas ce qu'en lui les générations précédentes ont déposé, il ne pourra s'établir à son tour comme origine d'une génération. S'il n'a pas nié la parole dont il est le fruit — celle qu'ont échangée ses parents — pour la reprendre à son compte et en assurer la portée, son souffle ne sera pas fécond. Il s'épuisera en matériau inerte. C'est en niant, en consommant la parole de ceux qui l'ont précédé, en s'en nourrissant, que l'homme devient susceptible de prendre à son compte un « oui » qui est le sien, de répondre comme un écho vivant. Il est et il n'est pas la vie qu'il dit être. Mais il a sa manière *unique* de le dire. Lentement et selon des itinéraires différents pour chacun, les forces obscures de la vie et de la mort le tissent dans son corps et lui révèlent, à travers ce qu'il est, ce qu'il n'est pas. Pour être ce qu'il est, il a à se décontaminer de ce qu'il n'est pas, à renoncer à l'au-delà de sa limite. Dans ce renoncement qu'il éprouve en sa vie comme une castration et une mort, il fait l'expérience du bris de sa paradoxale unité. Il reconnaît dans l'éclat de sa différence l'être de son désir d'unité. Il est ce point de rebroussement, ce bord où, pour le chrétien, l'amour du Dieu Un devient l'amour du monde dans la multiplicité des différences humaines. Aimer l'Un, c'est aimer, dans le temps et dans l'espace, les différences qui en témoignent. En édifiant son corps, l'homme répond de ce qu'il est : désir de Dieu. Il est désiré par Dieu et il le désire. Il est l'écho d'un désir qu'il ne peut pas concevoir mais dont il témoigne.

C'est en renonçant à l'unité du tout, qu'il ne peut concevoir que comme un totalitarisme, que l'homme trouve son *unité perdue.* Il ne la trouve jamais que déjà perdue. En renonçant dans son corps à l'unité imaginaire d'où serait bannie toute différence, la vie de l'homme prend la saveur du *service.*

La vérité du désir est, comme toute vérité, inaccessible à la maîtrise de l'homme. Elle se donne constamment à découvrir. Elle ne se confond ni avec la fusion imaginaire au grand tout — l'indifférenciation — ni avec l'amputation ou la destruction de soi — la négation de la différence. Elle rythme la croissance d'une vie dans son apparition-disparition... mais jamais l'homme ne referme sur elle la main d'un savoir qui l'épuiserait.

En ce point de notre cheminement, pourtant, le risque

est plus grand que jamais, pour nous, de nous laisser enfermer dans l'abstraction d'une compréhension intellectuelle, de rêver ou de délirer. C'est à la saveur du service qui met en œuvre nos corps dans le vécu de nos existences que nous reconnaîtrons, en dernier ressort, la réalité de notre désir d'homme. Le dégagement de notre être unique, la décontamination de notre différence à partir de sa réalité matricielle (le monde dont la première figure est la relation conjugale de nos parents) ne fera sa *preuve* que dans l'engagement de cette même différence dans le monde. Au prix de ce double mouvement, nous rendons l'existence reçue. Nous ne la confisquons pas. Nous jouissons ainsi de cela même à quoi nous renonçons. Il nous faut « rendre service » comme nous rendons le souffle. Le service est au corps ce que la parole est à l'esprit. Le travail de l'homme a partie liée avec sa parole. Voilà qui nous écarte d'emblée de l'obligation morale que nous pourrions nous faire de rendre service. Il ne s'agit pas de liens d'obligation qui nous lient économiquement les uns aux autres. Du moins, il ne s'agit pas que de cela. Ce que nous entendons ici par « service » évoque bien plutôt l'attitude du serviteur de l'Evangile, à l'opposé de l'attitude servile.

La servilité, en effet, traduit l'intention consciente ou inconsciente de se servir de l'autre, de l'obliger. L'hypocrisie d'un tel service tient à ce qu'il contraint l'autre. Il n'est pas l'effet du dégagement et de la liberté de mon désir. Il n'a de cette liberté que l'allure. Il vise, en réalité, à mettre l'autre à mon service. Son éclat est proportionnel à la satisfaction ou à l'intérêt qu'il me procure. La cymbale qui le manifeste n'est retentissante que parce qu'elle est vide de moi. Le service de l'esclave se satisfait du gain qu'il obtient. Tout autre est le service de l'homme libre, du fils ou, dans l'Evangile, du serviteur de Dieu.

Pour ce dernier, le service est de l'ordre du renoncement. Il manifeste ce qu'il est en renonçant à ce qu'il a. Il est, comme lui, l'acte du désir dans sa manifestation sociale. Le service est le signe de la présence. Celle-ci n'est nulle part mieux signifiée que dans la scène du lavement des pieds de saint Jean. Il ne peut s'agir là d'offrir un service comme on offre de l'argent. En lavant les pieds de ses disciples, Jésus met ce qu'il est au service de ce que sont les apôtres. Aucune confusion n'est possible : « Vous m'appelez Maître et Seigneur, et vous dites bien, car je le suis » (Jn 13, 13). En renonçant à la puissance et à l'autorité qui sont siennes, il fait éclater l'insondable vérité de son Etre et de l'être de l'autre. Et quand il conclut qu'il a fait cela « pour que vous croyiez que Je Suis », ne pourrait-on ajouter : « et que, si vous faites de même, vous êtes » ?

En édifiant progressivement sa différence, l'homme quitte le royaume de la comparaison et de la jalousie. Il n'est pas seulement plus ou moins que l'autre, il est Autre comme l'autre. En renonçant à ce qu'il n'est pas *hic et nunc*, l'homme prend *sens*. Il révèle ce qu'il est et ce que sont les autres. Sa vie, en effet, n'a sens — celui de l'existence — que s'il la risque au service de ce et de ceux qui existent. Si sa participation intime à l'ordre des choses d'où il tire son origine ne le redécompose pas en éléments indifférenciés, l'être dont il jouit prend le goût de la *nouveauté*. Il renaît alors même qu'il croyait mourir dans la solitude de son être différencié. Le service, au sens où nous l'entendons, se reconnaît à ceci : c'est un événement où « quelque chose se passe » qui est autre chose que la chose réalisée. A cette marque nous reconnaissons le désir qui noue l'homme en un *être nouveau* et lui donne l'assurance qu'il n'est pas un pur produit, une pure chose.

L'homme qui n'a jamais fait, sous un mode ou sous un autre, l'expérience du désir, qui n'a jamais éprouvé le vertige de n'être *rien* parmi les choses créées ou possédées par lui, a, sans aucun doute, muselé son désir. « Il est, comme dit l'Ecclésiaste, la buée de la buée » (Qoh 1, 1) et « tout est buée » pour lui. Une telle perspective nous renvoie aux pages précédentes. S'il se dissout au contact de la matière et des autres, c'est que l'homme préfère croire en la vanité et en l'irréalité de son besoin qui le conforme aux choses, plutôt que d'entreprendre la réalisation de son désir qui l'en différencie. Si les choses sont vaines, *ne sont pas*, et qu'il est autre chose que la chose, c'est que son désir unique est d'être. Il est seul dans le monde à désirer l'être dans ses multiples différences. La notion de « respect » trouve là sa signification la plus profonde.

Ainsi l'homme, cerclé dans son corps, est animé du désir d'être tout, d'être à lui-même son origine et sa fin, d'ETRE. Mais c'est dans la mesure même où il renonce à avoir l'être, qu'il EST. Il cesse alors de réduire à lui tout ce qui n'est pas lui, dans la « tentation » même qu'il en a. Quand il cesse de tout enfermer dans un moi possesseur et imaginaire dont sa raison est l'instrument le plus subtil, il échappe à la possession par la chose et demeure ouvert, dans sa différence même, à la vérité du tout, celle que vise son désir à travers son besoin. L'objet de son désir ne peut être qu'un sujet, une présence qui confirme la sienne, un être qui confirme le sien et auquel toute chose mène, mais qui n'est RIEN parmi les choses. C'est alors qu'il espère en Dieu s'il y croit ou qu'il désespère de lui-même. Ce double mouvement est celui de la foi. Si le service est l'acte du désir d'être, le renoncement est le passage à l'acte de ce désir à travers la succession des objets appréhendés. Notre perspective de départ a subi un renversement complet. Le renoncement n'est plus et ne peut pas être la restriction ou l'abstention du désir, il en est l'accomplissement. « Qui voudra devenir grand parmi vous — grand comme son désir —... se fera votre serviteur » (Mt 20, 27 — Lc 22, 25 et sq). Il n'y a, parmi les hommes, de véritable autorité [1] et de véritable travail que dans une loi et une action qui se conçoivent à la lumière de ce service. Tout le reste est littérature.

1. Cf. Denis Vasse, « L'autorité du Maître », dans *Etudes*, février 1967.

Nous reviendrons sur le travail de l'homme qui ne transforme le monde que dans la mesure même où il est l'acte du serviteur inutile. Le renoncement ne peut jamais être le prétexte à ne pas s'y engager, il en est le ressort. A cette condition, la besogne de l'homme devient œuvre.

Le renoncement est le point qui noue le désir infini de l'homme à son corps fini. Il est l'ouvrage d'une vie. Les forces qui le tissent mêlent en lui leur radicale différence : il en porte à jamais la cicatrice. Il est lui-même cette différence. Symbole, déchirure toujours ouverte entre ce qui est et ce qu'il n'est pas. Il unit l'être et le non-être dans leur différence même. Le renoncement ne refuse pas la mort et il ne sape pas la vie. Il est, dans l'attachement, ce qui libère l'un de l'autre ceux qui s'aiment, ce qui les détache. Ce n'est que dans l'attachement des disciples au Maître, dans l'amour du père et du fils, que se dessine l'exigence du détachement qui rend chacun à sa différence propre. Alors le disciple peut devenir maître et le fils, père. L'esclave peut devenir ami, l'autre, Autre. Le « plus petit » cache le plus grand. Il n'y a pas d'amour sans renoncement. Mais il y a des pseudo-renoncements qui se cachent sous le masque de l'amour.

L'amour humain ne se pressent que dans l'émerveillement du surgissement du désir de l'Autre. L'homme y découvre son sens en vivant et *parce* qu'il vit. Autrement, il se trompe. Il ne loue pas Dieu en ruinant le désir qui l'habite, mais en l'avouant. Cet aveu entrelace le « recevoir » et le « donner » dans l'unique acte d'exister.

III

TRAVAIL, PAROLE ET LOI

Le travail de l'homme comme sa parole transforment le monde. L'un et l'autre font du monde ce qu'il n'était pas. Ils l'ordonnent à l'homme. Mais aussi ils délogent l'homme de la place qu'il s'y était faite et réservée. Après avoir établi la multiplicité des points de repères qui tentent de donner à l'univers la stabilité d'un monde où il se « retrouve » en même temps qu'il le construit, l'homme découvre, dans un vertige, que c'est lui le repère mouvant du monde et non pas les traces qu'il y laisse. L'activité transformatrice de l'humanité signifie autre chose que le monde où elle s'exerce et dont elle s'acharne à déchiffrer les lois et les forces. Elle vise autre chose que la chose, mais elle ne *sait* pas quoi. S'il advenait qu'elle sache ce qu'elle cherche, elle se tarirait dans le sable de la chose, elle se nierait. Les plus grands hommes de science expriment souvent la contradiction de cette démarche : ils ne savent pas très bien ce qu'ils cherchent : ils trouvent. Ils rejoignent, en ceci, l'expérience de n'importe quel homme vivant, pour peu qu'il s'interroge non plus sur le monde dans lequel il vit, mais sur lui vivant dans le monde.

Le travail de l'homme lui rend présent dans le monde des objets l'activité même de son esprit. Dans un mouvement de boomerang, le monde, investi de toutes parts non plus seulement par l'imagination mais par tous les sens de l'homme, renvoie, retransmet à l'homme la question que celui-ci lui pose : il devient parole.

Aujourd'hui, en effet, le discours que l'homme tient sur le monde, c'est-à-dire l'agencement des représentations qu'il s'en fait, atteint une perfection technique dont l'efficacité demeure stupéfiante. L'objet-monde est aux mains de l'homme : il correspond bien aux lois découvertes par la science qui le transforme et l'exploite. Si, dans le rapport de l'homme au monde, la loi se manifeste comme l'expression de la limite qui différencie l'objet du sujet en même temps que les objets et les sujets entre eux, il faut ajouter qu'elle ne possède cette fonction structurante qu'au regard d'une force ou d'une pulsion qui pousse l'homme à effondrer cette limite, à s'efforcer, comme dirait Erasme, de la franchir. La loi ne fonctionne comme telle, comme structurante de l'être humain, que si elle est, d'une certaine manière, ordonnée à ce franchissement. C'est pourquoi elle trouve dans la *technique* son expression la plus fidèlement logique. Et jamais, depuis le début de l'Humanité, la technique de l'homme n'était parvenue à l'efficacité opératoire que, de nos jours, elle possède. L'électronique régit la loi du discours de l'homme mieux que l'homme lui-même, avec de moins en moins d'erreurs. Elle détermine les conditions et les limites de l'action sur le monde et donne à l'homme la possibilité de plus en plus grande de les dépasser. Elle confronte de manière de plus en plus étroite le monde et l'homme. Elle indique que l'homme ne s'accomplit que dans cette confrontation, en même temps qu'elle avoue la vanité de la maîtrise qui en résulte. La maîtrise du monde renvoie l'homme à son corps, qui est bien ce qu'il en dit, car il obéit à la loi du monde dont il fait partie, et qui pourtant n'est pas réductible adéquatement à la limite qu'il s'en donne, puisqu'il va tenter de la franchir et, dans un avenir prochain, y parvenir. Mais à nouveau la loi de l'ordre instauré l'invitera à le dépasser.

En d'autres termes, le discours de l'homme dans le monde le renvoie toujours à sa parole dans son corps comme à la force tensionnelle d'une bulle de savon qui tout à la fois la constitue et la fait éclater. La parole de l'homme s'articule à son travail qui la monnaye efficacement dans le monde et renouvelle son discours en renouvelant la face de la terre.

Il nous semble que c'est dans le phénomène de la *télévision* qu'on peut lire le plus universellement et la cohérence des représentations du monde, du discours, et son éclatement. Merveilleux et dernier rejeton de la technique, la télévision récapitule, en effet, tous les outils de l'homme dans leur matérialité et dans leur intentionalité. Par elle, toute l'activité de l'homme peut se rendre présente à elle-même. A cause de la pureté technique qui lui a donné naissance, l'instrument ainsi créé est devenu *transparent à lui-même*. La manipulation des électrons diffère de la manipulation du marteau. Elle ne s'offre pas, lorsque je tourne le bouton de mon récepteur, comme l'instrument que j'ai à comprendre pour comprendre le monde, mais comme l'immédiate compréhension du monde. Elle réalise le paradoxe d'une *quasi immédiate médiation* qui renvoie directement à l'activité de mes sens et à ce qui, dans le plus obscur de mon sang et de ma chair, leur donne sens. Autrement dit, face à la télévision, la médiation ne s'opère plus, entre l'homme et le monde, par ce qu'il fait ou peut faire, son activité, mais par ce qu'il est, l'énigme de son corps. Prodigieux renversement de la technique dont le secret ultime est identique à celui de la loi : elle livre l'homme à lui-même alors qu'il croyait tenir en elle la raison suffisante de sa vie. L'objet que l'homme manipule en croyant manipuler le monde n'est autre que lui-même et ce n'est pas sans un certain étonnement qu'il se trouve pris au piège de sa propre ingéniosité. Plus la pureté technique du dispositif ainsi mis en place est grande, plus elle révèle avec une précision technique celui qui en est devenu à la fois le sujet et l'objet : l'homme dans sa relation au monde et aux autres, aux prises avec le jeu incessant de sa parole et de son discours. Et plus l'homme s'acharne à imaginer qu'il n'est que le *sujet* de l'opération, plus il perfectionne l'instrument, et plus, grâce à lui, il se révèle inéluctablement comme étant à lui-même l'*objet* encore inconnu de sa propre recherche. Devant le petit écran, ce n'est pas la technique électronique que suppose le fonctionnement du poste de T.V. qui fascine le spectateur, mais bien davantage ce qui surgit d'authentique ou de menteur dans une interview, de ravissement dans une démonstration de patinage artistique ou d'horreur quand un village vietnamien disparaît sous les bombes. Lorsque je regarde la télévision, ce n'est pas elle que je vois, c'est l'homme. Non plus l'œuvre d'un homme, une maison ou un tableau, non plus une histoire sur l'homme, un roman ou un film, mais l'homme-à-l'œuvre, l'homme en train de parler, pris aux rets des fantasmes qui sous-tendent son histoire entre son origine et sa fin qu'il ne cesse de questionner : pilule ou bombe atomique...

La rigueur du détour technique est riche de conséquences. La loi qui régit l'univers s'y montre parfaitement opératoire : transparente et implacable, elle ouvre la question de l'homme là même où celui-ci pensait la clore, nécessairement ordonnée à l'éclatement des représentations qu'elle instaure, morales, politiques ou religieuses. Sous la pression de l'événement insolite et qui perfore le tissu des représentations du monde, l'homme se trouve acculé à reprendre la parole dans son corps.

Et plus le monde devient son œuvre, plus il suscite sa parole. C'est-à-dire que le discours que l'homme tient sur lui n'est jamais adéquatement ce que le monde est. Comme le corps de l'homme n'est jamais réductible à la parole qui l'exprime. Il est et il n'est pas ce qu'il dit de lui. Nulle époque, peut-être, autant que la nôtre n'a eu conscience de cette contradiction inhérente au *fait* que l'homme parle et travaille. Ce qui caractérise cette époque, en effet, tient à ceci : devant l'efficacité et le fruit de son travail, l'homme s'est laissé submerger par lui. Il en a perdu la parole. Et la parole n'a qu'une origine : transmise par l'homme, elle lui pose la question de l'homme, celle de son origine. Au moment où l'humanité se réjouit des premiers tours de roue du Concorde, comme une mère penchée sur les premiers pas de son enfant, au moment où elle greffe le cœur d'un individu déjà mort sur un autre encore vivant, au moment où elle découvre les lois de la linguistique et où elle rend présent instantanément à Moscou et à Tokyo le message d'un prisonnier de Cuba, elle souffre de ne plus « communiquer », de ne plus savoir livrer une parole. A travers toutes les dynamiques de groupe que l'on veut, elle avoue une crise du langage, c'est-à-dire une crise de l'homme dans laquelle la question de l'homme semble ne plus pouvoir se poser. L'homme se défait en croyant se faire et la gnose actuelle écrit que l'homme n'existe *plus*. Le critère de l'humanité disparaît avec la possibilité de poser la question de l'homme. C'est pourquoi, d'ailleurs, on parle tant d'anthropologie moderne... L'homme qui ne peut plus symboliser, parler son existence, sa vie et sa mort, ne peut plus considérer son corps comme signifiant de la parole et de la vie qu'il transmet, comme le lieu d'un sens. Il n'y a de sens humain, en effet, que dans l'écart différentiel entre le corps et le discours de l'homme. Ils sont l'expression l'un de l'autre, se recoupent sans jamais parvenir à la parfaite identité qu'ils visent. Ce faisant, ils désignent toujours autre chose qu'eux-mêmes. Le corps dit la parole et fait l'œuvre, mais la parole dit le corps et l'œuvre lui donne corps. Dans ce rapport incessant, l'homme se comprend comme une parole devenant chair. Quand le rapport se dissocie et que ne se joignent plus dans l'acte de symboliser — dans la parole — le réel du corps jamais totalement accessible à son dire et l'imaginaire de son discours jamais totalement réductible à son corps, l'homme perd la parole, ce lien fragile et mouvant qui donne consistance à ce qui, sans elle, n'en a pas. Sans elle, le corps croit trouver immédiatement en lui-même son sens et il rêve ou il délire : il tente de devenir une parole réelle alors qu'il n'y a de parole que symbolique. Au lieu de ménager l'espace symbolique où l'homme se dit, la parole s'enferme alors dans le corps qui *vocifère* parce qu'il n'a plus le moyen de se dire. « Ce qui n'est pas venu au jour du symbolique, enseigne J. Lacan, apparaît dans le réel [1]. » Ce qui n'est pas symbolisé, c'est-à-dire ce qui, de l'homme, ne se dit pas à cette jointure béante du corps et du langage, dans une bouche qui parle, reparaît, sous une forme apparemment insensée, dans un corps qui ne parle pas [2]. Au lieu d'*avoir* la parole et de la prendre, le corps croit l'*être*. Or il lui faut passer de l'être à l'avoir... sous peine de ne jamais devenir ce qu'il est, un être qui, ayant la parole, ne l'est pas.

Ce difficile préambule n'est pas inutile pour nous introduire à une étude sur le travail. Il voudrait faire entrevoir que le travail n'est humain que lorsqu'il noue

1. J. Lacan, *Ecrits,* Seuil, 1966, p. 388.

2. Les exemples sont multiples. Ils illustreraient tout ce qui, dans la théorie de Freud, tourne autour de la question du *refoulement.* Tout au long des jours, se manifestent dans notre comportement des actes manqués, des lapsus qui, en apparence, n'ont pas de sens. Ils nous surprennent ou nous agacent en prenant en défaut le réseau de symbolisation dans lequel ils viennent s'inscrire : « ils manquent leur but », mais s'imposent à nous de manière incoercible et imprévisible. « D'ordinaire, écrit Freud, on ne leur accorde aucune importance. Ce sont des oublis inexplicables (par exemple, l'oubli momentané de noms propres), des lapsus linguæ, des lapsus calami, les erreurs de lecture, les maladresses, la perte ou le bris d'objets, etc., toutes choses auxquelles on n'attribue ordinairement aucune cause psychologique et qu'on considère simplement comme des résultats du hasard, des produits de la distraction ou de l'inattention, etc. A cela s'ajoutent encore les actes et les gestes que les hommes accomplissent sans les remarquer et, à plus forte raison, sans y attacher d'importance psychique : jouer machinalement avec des objets, fredonner des mélodies, tripoter ses doigts, ses vêtements, etc. Ces petits faits, les *actes manqués,* comme les *actes symptomatiques* et les *actes de hasard,* ne sont pas si dépourvus d'importance qu'on est disposé à l'admettre en vertu d'une sorte d'accord tacite. Ils ont un sens et sont, la plupart du temps, faciles à interpréter. On découvre alors qu'ils expriment, eux aussi, des pulsions et des intentions que l'on veut cacher à sa propre conscience et qu'ils ont leur source dans des désirs et des complexes refoulés, semblables à ceux des symptômes et des rêves. » *Cinq leçons sur la psychanalyse,* Payot, 1966, p. 42-43.

ensemble le discours de l'homme et son corps. A cette condition, il a quelque chose à voir avec la parole : comme elle, il est le lieu de l'unité et de la différence entre le corps de l'homme et son discours. Comme elle, il est l'expression du désir. S'il ne renvoie pas, en lui, à cette différence qui est sa source, c'est qu'il est instrument d'aliénation d'un des deux termes de cette différence, du corps ou du discours.

Le travail qui défait l'homme

Le travail peut être l'alibi le plus mensonger de l'homme. Etre à son travail peut être, de toutes, la manière la plus sûre de ne pas être là où un autre nous cherche ou nous attend, dans notre parole. Relever la liste des expressions courantes dans lesquelles le travail est évoqué pour éviter une rencontre ou un affrontement serait une tâche simple. Nous n'y recourons pas toujours consciemment et loin de vouloir dénoncer l'hypocrisie d'un tel recours, c'est la certitude où nous nous trouvons de sa nécessité que nous voudrions souligner. Elle camoufle à nos yeux notre hypocrisie inavouée. Elle prouve notre « bonne foi ». L'obligation de travailler se prête à toutes les justifications inconscientes et, pour nous prouver que ce n'est pas d'hypocrisie qu'il s'agit, mais de raison morale, nous nous « tuons » effectivement de travail. Quoi de plus sérieux ? Et comment en vouloir au mari qui sommeille d'épuisement pendant les repas ou au père qui n'a pas de temps à consacrer aux questions pusillanimes de ses enfants ? Et qui, plus qu'eux, pense avoir une plus juste et une plus haute idée de leur rôle ? De telles attitudes s'accommodent très mal du jeu de l'accord et du désaccord où prend forme une parole commune. Par contre, elles s'accompagnent toujours d'explosion de colère ou d'accès de bouderie qui, à l'analyse, revêtent le même sens. La brutalité de l'une et l'incoercibilité de l'autre surprennent ceux-là mêmes chez qui elles surviennent. Comme s'ils étaient *agis* par une force qui n'est pas d'eux. Le discours qu'ils tiennent leur est étranger. « Je me suis entendu dire... », explique le coléreux. « Je n'arrivais pas à écarter l'étau qui m'enfermait... », confesse le boudeur. Dans la colère ou la bouderie, le corps devient un langage incompréhensible. Il signifie pourtant quelque chose, mais à un autre niveau. Il est vrai que le coléreux ou le boudeur ne *sait* pas « ce qu'il a », mais que quelqu'un entreprenne le long labeur de l'écouter, de l'entendre au niveau de ce langage archaïque qui est celui de l'enfant ou du névrosé, et quelque chose changera dans son comportement : bientôt il saura et pourra se dire, libérant pour une tâche qui est la sienne l'énergie de son corps. Comme si l'irruption de la parole et la formulation d'un discours libéraient le corps qui se débat ou qui s'enferme. La colère et la bouderie sont des processus narcissiques et rassurants. Tout comme peut l'être le travail. Quand l'effort laborieux, qu'il soit musculaire ou intellectuel, se donne les traits d'une générosité souvent revendicative, il est l'alibi d'un conflit inconscient et interdit le jaillissement de la parole libératrice. D'autant plus qu'il est pénible et que la « pénibilité » joue un double rôle : elle soulage pour un temps, mais sans y remédier, la culpabilité latente, et par la pitié ou la considération qu'elle suscite, elle valorise. Comme si l'individu en question disait : « Ce n'est pas de ma faute, je ne puis pas faire autrement, regardez comme je travaille ou... comme je souffre. » Aux yeux de l'instance qui le juge — en lui ou, projetée en dehors de lui, dans l'autre — il n'est pas coupable. L'abrutissement de l'usine ou du bureau, l'asservissement aux exigences indéfinies de l'étude intellectuelle sont de cet ordre. Le travail devient expiation qui conjure et prétend rendre sans objet toute accusation. L'admiration devant quelqu'un qui s'est rendu malade à force de travail n'est d'ailleurs pas sans ambiguïté : elle découvre en l'autre, non pas l'Autre, mais l'image si recherchée de soi-même, auréolée de sa gloire. En se contraignant, il a contraint l'autre à l'admirer.

Cette admiration est le contraire de la reconnaissance véritable. Elle a le goût de la drogue et bientôt l'homme laborieux ne pourra plus s'en passer. Son travail et sa peine ne le délivrent pas de lui-même, ils l'aliènent à l'image trompeuse qu'il a de lui. En général, un tel individu ne cesse de protester de sa modestie, et son flair lui fait détecter chez les autres les traces cachées d'un monstrueux orgueil...

L'homme pour lequel, au contraire, le travail est et doit être dépourvu de tout *plaisir* est en réalité le frère du précédent. Alors que celui-ci s'ingénie à fuir la parole révélatrice, qui dénoncerait ce qu'il est et l'inviterait à renoncer à ce qu'il n'est pas, celui-là s'acharne à éviter son propre corps. L'un justifie le plaisir qu'il prend névrotiquement et à son insu dans le travail, l'autre le refuse. C'est dans le plaisir, pourtant, et dans la jouissance qui en caractérise l'acmé, que l'homme avoue son corps. Il l'y *découvre* comme étant bien le sien en même temps qu'il le ressent comme différent de ce qu'il en sait, autre. Le plaisir opère une certaine *subversion* du savoir. Dans la jouissance, comme dans la joie d'ailleurs, l'homme éprouve, étonné, la suspension du temps et de l'espace, l'éclatement du savoir. Ces moments de subversion frappent sa vie de l'estampille fugitive de la vérité. Ils sont souvent — pour ne pas dire toujours — mêlés d'inquiétude ou d'angoisse. La subversion de la loi, en effet, trouble l'homme dans la mesure où elle lui indique qu'il échappe à la maîtrise qu'il croyait avoir de lui-même, aux lois de sa connaissance. Certes, jouissance et joie mêlent à la douleur de la transgression de la loi [1], l'émerveillement serein de la découverte de l'Autre en soi et

1. La *loi* est l'ensemble des règles qui régissent l'activité de l'homme en tant qu'elle est ordonnée à la fabrication de l'objet, à la conservation et reproduction du corps, à la vie en société. La *jouissance* est ce qui, dans l'activité de l'homme, échappe à la loi qui la régit. Elle apparaît comme l'éclatement de toute nécessité, comme « donnée ». C'est pourquoi elle participe d'un processus de subversion, soit qu'elle transgresse la loi, soit qu'elle l'accomplisse.

en l'autre, de la différence. C'est pourquoi elles éclatent dans le rapport à l'autre. Mais encore faut-il que la LOI soit vécue comme ordonnée à ce dépassement ou à cet accomplissement. Si, au contraire, la LOI est à elle-même sa propre fin, la jouissance et la joie se trouvent frappées d'*interdit*. Tout ce qui vise à son accomplissement est ressenti comme une faute. Dans ce cas le travail, et la peine qu'on y prend, ne sont plus vécus que comme l'obstacle à la jouissance et l'interdiction du plaisir. La férule de la loi, concrétisée par la nécessité du travail, interdit la découverte du corps. Le plaisir est identifié au mal et la peine au bien. Se consacrer au travail signifie la consécration à la Loi qui prend subtilement les traits de l'Idole. Ainsi s'édifie un univers dit « moral » qui aliène l'homme.

Qu'on ne se méprenne pas, ici, sur le sens d'une telle analyse. Il ne suffit pas de transgresser arbitrairement la loi pour l'accomplir. C'est, au contraire, à la respecter dans son esprit qu'elle ouvre au dépassement d'elle-même. La première attitude est celle du pervers : c'est pourquoi, dans sa forme, elle ressemble tellement au comportement de l'homme qui aime. Elle en est la caricature *presque* parfaite. Mais elle épuise les différences au lieu de les manifester, elle ne conduit jamais à la sérénité de la joie. Il faudrait, à cette lumière, reprendre et analyser ce que saint Paul dit de la Loi.

De telles attitudes qui tendent à faire du travail la *seule* Loi de l'homme, le *défont*. Elles ne permettent plus la conversion du besoin en désir. Elles ont des conséquences multiples qu'on peut lire dans la trame de notre société actuelle. Lorsque le travail et la loi ne remplissent plus, en effet, leur rôle de *médiation* entre les hommes, il y a fort à parier que l'homme perd le sens de la médiation et qu'il transforme le lieu de la médiation en un *but*. Dès lors, l'homme ne trouve plus, dans et par son activité, la joie d'être, comme l'écrit K. Marx, le médiateur entre son frère et l'espèce humaine. « J'aurais la *joie*, dit K. Marx à ce propos, d'avoir été pour toi le médiateur entre toi et l'espèce humaine, donc d'être ressenti et reconnu par toi-même comme un complément de ta propre nature et comme une partie de ton être, donc de me savoir affirmé dans ta pensée comme dans ton amour. Enfin j'aurais la joie d'avoir produit dans la manifestation individuelle de ma vie la manifestation directe de ta vie, donc d'avoir affirmé et réalisé, dans mon activité individuelle, ma vraie nature, ma nature humaine, mon être social. Nos productions seraient autant de miroirs où se refléterait notre être[1]. » S'il en est bien ainsi, nous pouvons définir la médiation comme ce jeu de la loi, du travail ou de la parole qui ouvre à la dimension de l'Autre dans le rapport de soi à l'autre. D'un rapport de force, elle fait surgir un rapport de différence. Elle déverrouille l'univers fermé de la comparaison et de la jalousie et donne accès au monde ouvert de l'altérité et du respect. Les pages qui précèdent ont plusieurs fois laissé entendre que le sexe était le lieu central et privilégié d'une telle médiation. Le langage populaire identifie fréquemment le travail et l'activité sexuelle. En elle, nous avons à réaliser ce que nous sommes, ce qui nous *lie* à l'autre et ce qui nous en *différencie.* C'est pourquoi ce que nous disions du travail, nous le retrouvons plus clairement encore dans la sexualité devenue une fin en soi : l'érotisme — ce mot juste et tant à la mode — a remplacé l'amour.

L'érotisme en effet cherche à jouir de la sexualité même. Il fait servir l'autre à la pure exaltation du sexe. Il se cramponne à la jouissance. C'est pourquoi d'ailleurs il y parvient si rarement. Plaisir frelaté, il tente de court-circuiter le renoncement inhérent au surgissement de l'altérité en soi et en l'autre... Il n'est pas donné par surcroît comme l'amour ; il est dû et se pare de l'exigence de la dette qui ne fait qu'augmenter avec le temps. Elle devient lancinante. La sexualité tourne en rond sur elle-

1. K. Marx, *Cahiers des extraits de 1844,* p. 317.

même. Nous reconnaissons là le même processus décrit à propos du travail et l'on peut parler alors d'une *érotisation* du travail, voire même de la peine et de la souffrance. Le sexe, comme le travail, devient loi. L'un et l'autre réclament l'investissement de toutes les forces de l'individu : ils se donnent comme la loi accomplie en elle-même et non plus ordonnée à l'accomplissement de l'homme.

Lorsque la médiation est ainsi réduite à une technique et que jamais elle n'ouvre sur une présence qui n'est soumise à aucune loi, la dissociation s'installe dans la vie de l'homme. L'attachement et le détachement, l'élan vers et le renoncement, bref, les deux mouvements contradictoires du désir ne peuvent plus se réaliser dans le *même* temps. Mais quand l'un est réprimé au profit de l'autre, quand il est refoulé, l'on peut être sûr — la psychanalyse nous l'apprend — qu'il prendra une retentissante revanche, faisant exploser le système unilatéral jadis répresseur. Sans évoquer la stupeur que fait naître l'homme « rangé » qui, tout à coup, se livre à la débauche, évoquons seulement le temps des loisirs qui font tellement parler d'eux dans une civilisation où règne l'organisation contraignante du travail et de la technique. Les vacances sont d'autant plus justifiées que l'année de labeur a été pénible. On y fait le contraire de ce que l'on fait pendant l'année. Après le temps de la contrainte, le temps de la débâcle... à moins que cette perspective ne suscite une angoisse telle qu'on ne résiste pas à l'organisation forcenée des loisirs eux-mêmes. La vie se scinde en deux parts. Elle se dissocie. Comme si le temps de la mort et de la peine s'opposait au temps de la vie, de la naissance et du plaisir. Ce qui fait le temps humain, pourtant, est l'imbrication des deux. La naissance y est signifiante de la mort ; le lien, de la rupture. Et réciproquement.

L'homme qui défait l'homme

L'homme, dissocié par son travail, défait l'homme. Il n'est plus un homme parmi les autres, médiateur entre eux. Il devient sa propre fin, son *idole.* Et ce n'est pas pur hasard si notre ère, caractérisée par la disparition de toute médiation, voit fleurir de multiples *idoles.* Non plus seulement idolâtrie de l'Argent ou du Progrès, mais aussi idolâtrie de l'homme. Ce phénomène a submergé le monde. Il est propre à la société de consommation qui est la nôtre et qui, ne trouvant pas dans l'*objet* fabriqué et consommé le rassasiement de tous ses besoins, finit par consommer l'homme qu'elle fabrique. En dévorant le cœur de ses ancêtres ou de ses valeureux ennemis, le cannibale s'incorpore la puissance qui est la leur. A travers les processus de valorisation narcissique que nous offrent la publicité, la télévision et tous les moyens dits de communication, nous pouvons discerner le cannibalisme de notre temps. La littérature la plus courante, la plupart des journaux et des images de nos écrans *nous nourrissent du cœur et du corps* de nos vedettes préférées ou honnies. Nous les préférons quand nous y reconnaissons plus ou moins consciemment une image avantageuse de nous-mêmes, nous les honnissons quand nous y projetons tout ce qu'en nous nous réprouvons et finissons par ignorer. Dans les deux cas, d'ailleurs, leur succès est le même. Enfermés dans la chambre obscure de notre travail, nous regardons le monde par le trou de serrure de notre téléviseur. Nous regardons sans être vus ; nous entendons sans être entendus. Quand le regard et l'ouïe ne sont plus, dans le même moment, le support de l'activité (voir, entendre) et de la passivité (être vu, être entendu), les sens ne sont plus le lieu d'une médiation possible. Tout comme nous travaillons sans être reconnus dans l'objet de notre travail auquel nous ne sommes pas complètement assimilables. Le travailleur connaît, en effet, la déception que lui procure l'objet qu'il fabrique, si cet objet n'est pas, pour celui qui le consomme ou qui s'en sert, le témoignage de son irréductible existence. Pour reprendre ce que nous disions dans les chapitres précédents, le lait absorbé n'indique plus la présence de la mère. L'objet n'a plus de nom, il n'est plus marqué du chiffre de celui qui l'a fait. Dans cet anonymat, toute rencontre, au sens où nous l'avons définie, reste impossible et cette impossibilité redouble le besoin de consommer qui, nous l'avons vu, porte en lui le désir de la présence. L'homme travaille alors pour satisfaire aux lois d'un marché qui ne tient compte que de ses besoins, qui les entretient et les multiplie. L'objet consommé ne renvoie qu'au besoin dévorant qu'on en a, non plus à la présence qui échappe à tout besoin. La production du XXe siècle a pour but d'éviter la frustration du consommateur. En le noyant dans une besogneuse satisfaction, elle le dispense d'éprouver le manque qui le constitue : il ne lui manque rien. Elle le maintient en deçà du point de renversement et de renoncement qui l'ouvre à l'humaine dimension du désir de l'Autre. Elle lui fait miroiter la vaine nécessité d'avoir encore et toujours quelque chose à acquérir pour devenir *comme les autres,* ceux qu'il voit et qu'on lui montre. Qu'il en soit *aussi* différent et que cette différence le jette dans l'épreuve d'une certaine solitude, voilà ce qu'il finira par ne plus pouvoir supporter. Le monde entier ne fonctionne plus pour lui que comme un miroir. Et derrière un miroir, il n'y a personne à découvrir. C'est le vide. Inexorablement, le miroir ne renvoie qu'à celui qui s'y mire. « A la poursuite de la Vanité, il est devenu vanité » (Jer 2, 5).

Dans ce jeu optique où il n'y a rien d'autre que la chose — le miroir —, l'homme se précipite dans l'identification à sa propre image, il n'est rien d'autre que ce qu'il sait, voit ou entend de lui-même. Il s'encadre. Il devient la chose même. Il n'y a plus de médiation entre ce qu'il est et ce qu'il n'est pas.

La diffusion des revues ou des émissions radiophoniques ou télévisées obéit aux mêmes lois. Avant de publier ou d'émettre, des études de « marchés » prospectent les besoins des éventuels consommateurs. De telle sorte que l'image ou le texte réalisés ne présentent au lecteur ou au spectateur que ce qu'il demande, non plus ce qu'il désire. Ainsi la réalisation imaginaire qu'il contemple — et qui dépasse souvent par la technique de la représentation l'imagination qu'il en a — renforce, chez le spectateur, la vision qu'il entretient de lui-même. Sur l'écran ou entre les lignes reste *sous*-entendu, c'est-à-dire mal ou non entendu, ce qu'il ne tient pas à découvrir de lui-même. Il est à remarquer, d'ailleurs, que c'est ainsi qu'à l'usine ou au bureau, notre homme se comporte : ses dires, alimentés par la ration quotidienne de nouvelles saturées de lui-même, deviennent le reflet, plus ou moins déformé (mais il fera de cette déformation même l'objectivité de son information...), de ce qu'a dit la speakerine ou de ce qu'a écrit le chroniqueur du matin. Ils seront pleins du même sous-entendu, c'est-à-dire d'une ignorance de soi d'autant plus crasse qu'elle prend le visage du secret. Voilà l'homme identifié à la presse du matin comme il l'est, quoiqu'il s'en défende, et peut-être d'autant plus, au monde de l'usine ou à l'appareil bureaucratique.

Les maisons d'éditions connaissent ce processus d'identification à l'objet et son ambiguïté quand il s'agit des livres. Qui *a* des livres s'imagine posséder la culture. Faites le test suivant : demandez à vos amis, en parcourant les rayons de leur bibliothèque, s'ils ont vraiment lu tous ces livres ou posez-vous la question en considérant les vôtres. Vous constaterez aisément que l'acquisition de livres remplace la lecture et le travail de l'esprit qu'elle exige. Les éditeurs vendent ce qui s'achète, non ce qui se lit. D'où l'effort porté sur la présentation d'une part, sur la quantité d'autre part. Posséder un livre, en avoir parcouru distraitement le contenu dispense de le lire vraiment, mais la culture donne ainsi l'impression d'être à portée de main[1]. La possibilité imaginaire de travailler un texte dispense paradoxalement de le faire. La richesse c'est-à-dire la possibilité de tout avoir et de tout voir, nous dépouille de ce que nous sommes. La puissance de l'avoir est souvent corrélative de l'impuissance à être. Elle la masque. Posséder tous les disques de Johnny Hallyday ou de Sylvie Vartan nous ramène d'ailleurs à l'idolâtrie. L'adorateur confère à l'objet adoré la puissance qu'il voudrait avoir en s'identifiant à cet objet. Dans les séances où se produit Johnny — et qui ne manquent d'ailleurs pas d'une beauté sauvage qui nous prend aux tripes... quand il nous en reste —, l'adorateur et l'adoré se confondent dans les mêmes transes, mais au sortir de l'exaltation ni l'un ni l'autre ne se retrouve dans sa peau. Chacun a celle de l'autre. Le fan est mordu par l'isolement dont il va à nouveau tenter de sortir en se jetant à la poursuite de celui qui le fait vivre. C'est un autre qui détient les clés de son existence. L'idole, abandonnée par ses fans, va jouer avec la mort, ultime fascination exercée sur le « copain »: Johnny tente de se suicider ou défie la mort en voiture. Une émission de T.V. déjà ancienne nous le montrait plein d'une attention passionnée et grave pour sa collection de revolvers. Il ne faut pas craindre de méditer sur le visage de Johnny: c'est celui d'un enfant qui a besoin qu'on le regarde. Dépossédé de lui-même, il est ce regard même. Il se cherche dans les yeux dévorants de ceux qu'il fait trépigner d'allégresse et d'angoisse, et c'est là, pourtant, qu'il est vampirisé de sa substance propre, qu'il est livré à l'avidité de ses fans qui ne cherchent qu'eux.

Pour faire éclater la prison du regard, il faudrait que Johnny affronte l'angoisse d'avouer qu'il n'est pas ce qu'on voudrait qu'il soit. Il devrait renoncer à sa propre gloire et déchirer ainsi la toile d'araignée qui l'enserre. Mais, nous l'avons vu, plutôt que de supporter l'angoisse

1. Tout comme semble être à portée de main la puissance de l'idole.

de la mort, il préfère la défier. Il est maître de la vie et de la mort. Il est le roi et il faut qu'il le soit. Tout autre est la manière de Jésus : quand la foule veut le *faire* roi à cause de ses œuvres, il disparaît.

Que le lecteur ne se méprenne pas, là encore, sur l'intention qui nous guide. Elle n'est pas de dénigrer le progrès technique et la civilisation qui apparaît à travers le phénomène des idoles ou l'événement de la Révolution culturelle. Elle n'est même pas celle d'un juge. Elle veut, au contraire, introduire à l'analyse du niveau auquel nous nous sentons le plus passionnément concernés par les manifestations d'une civilisation qui est la nôtre. Ce n'est qu'en elle et par elle, en y scrutant l'invisible qu'elle cache, que nous parviendrons, à notre manière, à notre taille d'adulte, sur la ligne de crête qui sépare les deux abîmes qui menacent l'homme en même temps qu'ils en sont la condition : celui de l'annihilation dans la matière et celui de la surexistence de la gnose. Nous retrouvons ici les termes d'Ibn 'Ata 'Alah. L'homme *fidèle* est celui qui « donne à chaque chose sa part », à la vie comme à la mort, à la vague qui l'emporte comme à la grève où il vient mourir.

Ainsi, quand l'activité de l'homme, son travail, devient à elle-même sa propre fin, elle perd sa qualité de médiatrice. Elle ne transmet plus la vie dans l'horizon de la mort. C'est alors que se perd la parole, le pouvoir de communiquer. Contraint au mutisme ou vociférant, l'homme se découvre porteur d'une voix qui n'a plus de sens pour lui. A moins que, en désespoir de cause, il n'emprunte le chemin de la revendication ou de la contestation. La dialectique indéfinie de cette dernière finit par ne plus savoir qu'une seule chose : la nécessité de détruire et de faire éclater le système qui l'emprisonne. Elle pose comme préalable cet éclatement et, dans la libération immédiate et ambiguë qu'elle y trouve, risque de se laisser prendre au jeu d'une question qui rejette sur l'autre toute responsabilité et se mue rapidement en accusation. Elle conduit alors, dans le renversement brutal de toute révolution, à nier tout ordre, toute autorité en niant le totalitarisme qui l'emprisonne. Ce faisant, elle instaure un totalitarisme plus grand encore, alors qu'en son mouvement le plus profond elle cherche à s'en délivrer. Comme on pouvait le lire à l'entrée de la Sorbonne pendant le mois de mai 1968, il devient « interdit d'interdire ». L'agitation de la mouche prise au filet de l'araignée ne fait que resserrer autour d'elle l'étreinte dont elle tente de se dégager. En détruisant la toile, elle la rend plus meurtrière encore.

Dans l'analyse qu'il fait des événements de mai-juin 1968, Michel de Certeau décrit le processus révolutionnaire. Il est caractérisé aujourd'hui par « la prise de la parole » qui n'est rien d'autre que la libération de la parole. Prendre, ici, veut dire libérer. Prendre la parole, en effet, c'est accéder à l'*espace symbolique* qui est le lieu de l'homme. En elle et par elle se trouve assumée et dépassée la contradiction de l'homme, celle d'un être qui est libéré par cela même qu'il prend. La parole ne se laisse prendre qu'en déprenant de lui-même celui qui la profère. Prise par l'homme, elle finit toujours par le délivrer du discours muré où il essaye périodiquement de l'enfermer pour se mettre à l'abri de ce qui, en lui-même, lui échappe. Alors qu'il croit prendre la parole, l'homme la libère. « En mai dernier, on a pris la parole comme on a pris la Bastille en 1789. La place forte qui a été occupée, c'est un savoir détenu par les dispensateurs de la culture et destiné à maintenir l'intégration ou l'enfermement des travailleurs étudiants et ouvriers dans un système qui leur fixe un fonctionnement. De la prise de la Bastille à la prise de la Sorbonne, entre ces deux symboles, une différence essentielle caractérise l'événement du 13 mai 1968 : aujourd'hui, c'est la parole prisonnière qui a été libérée[1]. »

L'acte de prendre la parole ouvre à l'homme le champ

1. Michel de Certeau, *La Prise de la parole : Pour une nouvelle culture,* D.D.B., Paris, 1968.

de l'homme. Il le libère de la toile arachnoïde du réel qui l'emprisonne dans la mesure où il croit le posséder : c'est la dialectique de la richesse, en même temps que du rêve dans lequel toute prise se révèle vaine... comme dans la gnose ou la métaphysique. En prenant la parole, l'homme ouvre une faille dans la cohérence du monde aussi bien que dans celle de l'idée qu'il en a. Par elle, il a prise sur le monde en même temps qu'il se déprend de l'image qu'il s'en faisait. La parole manifeste dans le monument du discours et de la langue, la fissure cicatrisée ou béante de l'ambiguïté de l'homme qui n'est jamais réellement ce qu'il dit être, pur réel ou pur imaginaire. L'installation confortable dans l'un ou l'autre domaine lui demeure impossible. En surgissant, la parole noue et dénoue ces deux ordres, les empêchant de se clore une fois pour toutes sur eux-mêmes. Elle est la béance, la bouche insuturable qui maintient le discours ouvert sur le monde et qui permet au monde de faire irruption dans le discours. La limite dernière de l'homme est une ouverture, un trou, et l'homme s'essaye constamment à la franchir en tentant, à tous les âges, de se fermer définitivement la bouche... par l'élaboration d'un discours qui rendrait parfaitement compte du monde réel. En découvrant l'inconscient et sa radicale étrangeté vis-à-vis de la conscience que, pourtant, il fonde, Freud établissait, dans le discours même de l'homme, la base opératoire à partir de laquelle l'éclatement et la mort de la représentation peuvent être pensés dans ce qui est, paradoxalement, la source et la vie de la représentation. En débarquant sur le sol du nouveau monde avec sa trouvaille, Freud pressentait bien que la parole vivante de l'homme recouvrait son tranchant de mort, que la surface du discours humain ne devait sa cohésion qu'à la faille qu'il occultait et que, si le Savoir se trouvait du côté de l'apparente certitude du discours, la Vérité cherchée par ce Savoir n'était rien d'autre que le *manque* manifesté en lui, par lui. C'est pourquoi l'inventeur de la psychanalyse confiait à ses amis : « Je leur apporte la peste. »

La peste fait sourdre dans la peau lisse et sûre de la vie le frisson de la mort.

La communion dans le travail

En s'insurgeant contre l'oppression meurtrière d'un travail qui l'aliène ou contre une doctrine impérialiste qui lui ôte la parole, l'homme manifeste avec éclat son être politique et social. Il clame que l'organisation de la cité ne peut être étrangère au désir qui l'anime. Comme chacune de ses activités, de la prière au travail, elle ne saurait être la seule expression de ses besoins sans qu'elle l'asphyxie. C'est peut-être ce que l'explosion universitaire du mois de mai a le mieux senti et le plus explicitement dit. Elle a contesté le *système politique en tant que tel* beaucoup plus que telle ou telle conception politique. Et en ceci, nous croyons qu'elle a cent fois raison. De la même façon, les événements de Tchécoslovaquie, après ceux de Hongrie et ceux du Vietnam, mettent en cause profondément le rapport de *dualité* — qui est nécessairement un rapport de force — instauré comme principe de la politique mondiale. Les deux grands absorbent les petits dont ils se sont faits les « défenseurs » et, au nom même de leur liberté, ils les tuent. Au nom du monde libre comme au nom du socialisme, ils leur interdisent d'exister dans leur différence spécifique. Non seulement ils entravent constamment la différenciation de chacun, mais encore — au nom de principes qu'ils croient radicalement opposés — ils finissent par se ressembler comme deux énormes gouttes d'une même eau qui submerge le monde. Il en va de l'humanité comme de la famille lorsque celle-ci se réduit à deux termes, c'est-à-dire lorsque l'instance paternelle disparaît : l'ordre symbolique se forclôt. Dans un monde ainsi structuré — ou plus exactement déstructuré, car seule l'instance symbolique permet l'organisation d'une *structure* au sens moderne de ce mot — la notion même de l'homme disparaît. Plus encore sa réalité. La loi dont est porteuse l'instance symbolisante se confond avec le bon plaisir du plus grand ou du plus fort qui a force de loi. La porte est largement ouverte à la dictature dans la nation, à l'impérialisme dans le monde.

Bien qu'elle ne soit pas le cœur de notre propos, cette digression rapide dans le champ politique n'est pas une simple incidente. Elle y est essentielle. C'est dans cette perspective sous-jacente que nous pouvons continuer l'analyse du rapport de l'individu avec sa communauté de travail. Si la conversion du besoin en désir, que nous avons cru pouvoir pointer dans le renoncement inhérent à la prière et au travail humain, n'y conduisait pas, notre peau d'homme laisserait encore voir l'oreille du loup.

Le travail organise la communauté des hommes qui ne peut avoir d'autre rôle que de garantir la relative liberté du travailleur : son autonomie. La satisfaction collective des besoins ne peut avoir pour objectif que l'accès au désir de chacun. Dans le même mouvement, elle est le lieu de l'attachement de l'homme à l'humanité et de son détachement en sujet. A cette condition seule, les hommes deviennent « frères ». Autrement, ils constituent une horde ou une meute. De ce double mouvement symbolique, la loi de la communauté doit être garante. La dépolarisation de ce mouvement au profit de la Communauté *ou* de l'individu entraîne l'aliénation ou l'anarchie qui confessent d'ailleurs à leur manière, c'est-à-dire en la niant, l'instance symbolique de la Loi.

La loi, s'il en est ainsi, doit être ordonnée et à l'édification de la communauté et à celle de l'homme particulier. S'il n'en est pas ainsi, elle devient la justification la plus intransigeante de la force. Le phénomène se retrouve périodiquement dans l'Histoire de l'Humanité, dans l'histoire de chacune de ses sociétés. Il manifeste le vice de toute idéologie. Il survient comme l'accident toujours à redouter dans l'Eglise. En elle, cependant, il est injustifiable, fondée qu'elle est sur une Parole à transmettre, non sur une idée ou un principe à défendre.

Le marxisme a toutes les peines du monde à ne pas devenir, dans le communisme, la revendication immédiate s'abîmant dans la convoitise de la richesse et du pouvoir, sous prétexte de réaliser l'intuition que Marx avait de la production comme affirmation de soi-même et de l'autre, lieu de la jouissance et de la reconnaissance réciproque des hommes entre eux [1]. Quant à l'Eglise, elle est constamment tentée d'imposer l'idée qu'elle se fait de l'homme (le légalisme des pharisiens) alors qu'elle est tout entière fondée sur l'irruption d'une Parole qui n'a d'autre effet que de libérer l'homme de l'idée qu'il se donne de lui-même...

Le travail est, certes, le ciment d'une communauté qui se façonne en façonnant le monde, mais il ne suffit pas de constituer une communauté de travail pour faire une communauté d'hommes. Cette dernière ne se réalise que si la communauté de travail témoigne de l'homme vivant qui travaille en son sein, non de l'idée qu'elle s'en fait. Sans quoi elle manque à son rôle. Elle devient une entité abstraite qui occupe la place de l'idole et à laquelle l'homme s'asservit en la dotant d'une majuscule. Le Parti, la Civilisation, voire même l'Eglise assurent alors

1. K. Marx, *Cahiers des extraits de 1844*, p. 317, *op. cit.* : « Supposons maintenant que nous produisons en tant qu'humains : dans ce cas, chacun de nous s'affirme, dans sa production, soi-même et l'autre doublement. Dans ma production, j'objective mon individualité, sa particularité ; donc pendant l'activité j'éprouve la joie d'une manifestation individuelle de ma vie et, dans la contemplation de l'objet, j'éprouve la joie individuelle de reconnaître ma personnalité comme puissance objective, intuitive et sensible au-delà de tout doute. D'autre part, dans ta jouissance ou dans ton usage de mon produit, j'aurais la jouissance directe aussi bien de ma conscience d'avoir, par mon travail, satisfait un besoin humain que d'avoir objectivé la nature humaine et, par conséquent, d'avoir procuré au besoin d'un autre être humain son objet correspondant. »

Et dans *Œuvres philosophiques*, VI, A. Costes, 1937, p. 29 : « ... l'appropriation sensible de l'être humain et de la vie humaine, de l'homme objectif, des œuvres humaines pour et par l'homme ne doit pas être prise uniquement dans le sens de la jouissance immédiate, exclusive, dans le sens de la possession, dans le sens de l'avoir. »

aux hommes la sécurité en les dépossédant d'eux-mêmes. Les membres de ces collectivités doivent leur être dévoués corps et biens, en échange de quoi ils n'ont plus de questions à se poser. « On » les résout pour eux. Dans la chaleur de ce ventre protecteur, le travail devient le moyen de *s'adapter* aux exigences d'une machine sociale ou « religieuse » dont le bon fonctionnement prime tout. Le critère d'adaptation se substitue, à grand renfort d'arguments pseudo-scientifiques et de techniques modernes, à celui de santé ou de sainteté. Rien ne fait peur à nos sociétés modernes comme les handicapés, les inadaptés de toutes sortes. Leur existence met en danger les groupes dont ils sont issus, mais au lieu de nous interroger sur la signification profonde de leur présence, nous cédons à la tentation (en sortons-nous vraiment malgré nos efforts ?) de les parquer dans les hôpitaux de l'anormalité, les asiles de la vieillesse ou la catégorie de la délinquance. Ils n'ont ainsi plus rien à voir avec la normalité, la force et la moralité qui sont évidemment nôtres. Sous prétexte de bienveillance, voire même — ô ironie — de sécurité sociale, nous leur distribuons des étiquettes qui nous séparent d'eux beaucoup plus subtilement et plus efficacement que les murs de la détention ou la clochette des lépreux de jadis. En les protégeant, nous nous protégeons. Nous n'avons rien à voir avec le mal dont ils souffrent. Nous ne leur demandons même pas de travailler et nous travaillons pour eux. Au sein de la société, ils sont en dehors de la vie sociale qui, au mieux, s'efforce de les « récupérer » plutôt que de commencer par voir en eux ce que nous tentons de nier en nous-mêmes. Notre générosité à leur égard voile pudiquement la complicité que nous entretenons avec nous-mêmes. Le cercle vicieux du travail, dans tous les domaines, se referme dès que nous travaillons à guérir chez les autres ce qui prolifère en nous-mêmes, à transformer dans le monde ce qui chez nous ne change pas, à mobiliser dans la matière les forces paralysantes de notre psychisme. La cloison étanche que nous dressons inconsciemment entre la bonne volonté et la connaissance de soi est le pire des obstacles au développement de l'homme quand elle vient à justifier son travail. Dans la complicité consciente que nous y mettons, se trouve la source de tout *péché*. Nous sommes alors porteurs de lumière pour les autres, nous qui sommes de la ténèbre. Le travail, alors, nous ancre dans la conviction que la loi — que nous contribuons à faire respecter — vaut pour les autres dans la mesure exacte où elle cesse de nous renvoyer à nous-mêmes. Ceci se passe lorsque la loi n'est plus la médiation de l'Autre, lorsque l'interdit de l'inceste où s'origine toute règle n'est plus, dans la famille, signifiant du désir du père. Ce ne peut être qu'au Nom du Père que se justifie l'interdit qui structure l'homme en fils et en frère, en sujet. Le refus de l'instance paternelle fait de la loi une *valeur* d'autant plus absolue qu'elle est arbitraire. Il supprime la possibilité d'accès à ma propre identité en détruisant le support du processus d'identification à l'Autre, en l'autre et en moi. Le fondement de la fraternité humaine n'est et ne peut pas être la LOI, quelle que soit la valeur donnée à son entité abstraite. Il se trouve dans la relation au Père symbolique, ou, en d'autres termes, à Dieu. La confusion du Père et de la Loi dont il est porteur, mais qu'il n'est pas, est particulièrement indiquée dans les expressions dont se sert notre droit. *Au nom de Dieu* y est progressivement devenu « *Au nom de la Loi* ». La loi porte dès lors majuscule. Elle a pris le statut de l'Etre, elle a un Nom. Il est étrange, tout de même, que l'ineptie d'une telle formule ne nous frappe même plus.

C'est pourtant au prix de cette confusion que, de médiation qu'elle était entre les êtres, la loi est devenue, dans le vécu laborieux de l'homme, *violence* aveugle... ou contrainte partiale. C'est exactement le problème qui se pose, de nos jours, à toute institution. Les moralistes les plus sérieux et les plus chevronnés se posent la question de savoir de quel côté se trouve la violence : du côté des pavés de l'insurrection qui en a l'apparence ou du côté des forces de l'ordre qui font respecter la Loi ? La violence, dit-on, appelle la violence. Quand elle s'exerce d'un côté, c'est donc qu'elle s'exerçait déjà de l'autre sous le couvert du respect. On reconnaît l'arbre à ses fruits et ce n'est pas par hasard ou, selon les formules officielles, du fait « d'éléments incontrôlés », qu'elle surgit dans tous les champs de l'activité humaine : dans la relation conjugale et dans la famille, dans la relation sociale et dans l'usine, dans les rapports politiques, nationaux et internationaux, dans la relation pédagogique et à l'Université, dans la sphère morale et dans l'Eglise. En s'identifiant à la seule loi, l'homme devient loup. Les loups n'ont pas de père : ils obéissent pourtant à la loi de la jungle. Mais, du moins, ils n'agissent pas en son NOM et, *à ses yeux,* ils ne portent pas de NOMS. Ils sont agis par elle.

Le travail, satisfaction de la loi et droit à la parole

Par le travail, l'homme satisfait à la loi qui régit le groupe, et, ce faisant, il se différencie du groupe auquel il s'agrège. Il n'est réductible ni à l'objet de son travail, ni au groupe, ni à son travail même. Les conditions mêmes du travail qui le lient et qui le plient aux exigences d'une vie en société sont celles-là mêmes qui constituent le ressort de sa relative autonomie. Il ne se reconnaît jamais totalement dans ce qu'il fait : il est autre chose que la chose qu'il humanise. Lorsque le travail perd son pouvoir créateur, il n'est que besogne et se vide du *manque* qui l'affecte, manque où l'homme reconnaît sa propre et irreprésentable trace. L'œuvre est à la besogne ce que la parole est au discours et à la langue. L'œuvre donne corps à la parole. En elle, en effet, s'introduit la dimension d'altérité qui, dans la parole de l'homme, apparaît dans la possibilité de dire non. L'œuvre est et n'est pas l'auteur de l'œuvre : elle y renvoie, elle en témoigne. Elle a un nom : elle est signée. Elle est ce qui attache le travailleur à ceux pour lesquels il œuvre en même temps qu'elle l'en détache. Le travail, dans son expression la plus humaine, devient *art*, médiateur entre les hommes, entre l'auteur et lui-même, entre le spectateur et lui-même. Il fait surgir la dimension de l'Autre en soi et en l'autre. Il est, nous l'avons vu, l'expression du désir. L'homme sait qu'il travaille vraiment lorsqu'il se révèle ainsi dans son activité. Le travail acquiert alors, comme la parole, un caractère de perpétuelle *nouveauté*. Il suscite une sorte de contemplation au lieu de provoquer l'ennui. En lui, quelque chose de toujours nouveau se laisse découvrir. A travers la contrainte et la douleur, l'anéantissement de l'homme dans son travail le renouvelle. Ce n'est pas de faire quelque chose d'autre qui délivre l'homme de l'ennui, c'est d'aller *jusqu'au bout* de sa besogne. Il y meurt à sa propre image. Il ne sait plus alors très bien ce qu'il fabrique. Il entrevoit confusément qu'il tire du neuf de l'ancien, qu'il renaît à la vie dans la mort de l'habitude. A la lumière de sa découverte, il prend conscience que ce qu'il croyait être la sûreté de l'habitude n'est que le tâtonnement de sa création (de son invention). A travers la certitude de son discours savant, il entend à nouveau le cri du nouveau-né et le balbutiement de l'enfant dont les yeux s'ouvrent sur l'horizon d'une terre nouvelle. La certitude du savoir de l'homme ne cache jamais que l'incertitude de sa vie. Au cœur du savoir s'ouvre la faille de la vérité où il se perd alors même qu'il la cherche. La science ne cesse de se développer pour résoudre la question de l'homme : elle ne fait que la poser.

En reprenant ce que nous avons dit du travail jusqu'ici, on peut schématiser en trois étapes le cheminement qu'il implique : celle de la fabrication de l'objet, celle de l'édification d'une image du corps, celle de la constitution d'un corps social. Dans ces trois étapes qui ne sont pas chronologiques, le même *rythme* se retrouve. Dans la musique et dans la poésie, le rythme est caractérisé par le jeu des césures et des silences, par l'écart différentiel qui lie entre elles les notes et les syllabes. L'unité d'une mélodie ou d'un poème est dû à ce qui, dans la phrase, brise la monotonie de la gamme ou du discours. Cette *unité brisée* introduit une autre dimension qui distord la phrase phonétique ou musicale et la rend irréductible à la logique du seul contenu. Elle échappe, au contraire, à cette logique pour obéir à la rigueur d'une autre logique qui la transgresse et l'accomplit. Elle lui confère la qualité d'une musique intérieure qui ne se définit — au terme de toutes les analyses que l'on pourra en faire — que par un Nom, celui de l'auteur. Or le nom est ce qui échappe à toute définition. Il désigne un être. Il en est l'indéchiffrable chiffre. Ce double rapport à la loi du discours commun, d'une part, et « au nom » de quelqu'un, d'autre part, fait qu'à l'audition une oreille fidèle ne s'y trompe pas... et dénonce avec sûreté l'imitation. Non seulement on saura mettre un nom sur un morceau de musique ou sur un texte, mais encore on saura dire qui le joue ou le chante. On ne pourra pas confondre Mireille Matthieu et Edith Piaf !

C'est d'ailleurs à la détection de ce chiffre que s'exerce la véritable critique. Elle suppose une intense et sereine familiarité avec les œuvres étudiées. Une telle intimité devient sensible, en effet, à la parole que recèle le discours, au rythme de la musique, au cœur d'un visage, à l'Autre de l'autre. Elle y devient sensible dans la mesure même où *cherchant à saisir, l'intime est saisi* par cela même qu'il cherche. Dans un même mouvement, saisir et être saisi, voilà ce qui signifie l'homme au plus profond de son activité. C'est si vrai qu'à fréquenter ainsi une œuvre qui n'est pas de lui, le lecteur ou l'auditeur finira par dire : « Ça, c'est *mon* livre (ou *mon* disque). » Mouvement inverse de l'auteur qui sait que son œuvre est terminée quand celle-lui lui échappe, qu'elle ne se laisse plus maîtriser par lui, qu'il ne peut plus, comme il dit, « y toucher ». Au saisissement de la contemplation correspond le dessaisissement de l'action. Il n'est que de voir travailler des peintres, des architectes, des musiciens dignes du nom dont ils signent leurs œuvres. Il n'est que de voir vivre et travailler des parents qui livrent, transmettent le *nom* dont ils se rendent dignes. Leur enfant est saisi par ce nom, il devient fils, dans la mesure exacte où leur vie les en dessaisit. Cela implique qu'en leur temps et à leur manière, ils se soient laissés saisir en tentant de saisir. Hors de ce rythme et de ce renversement, *rien ne se passe,* rien ne se transmet.

Ce rythme, qui bat comme un invisible cœur, ne se réalise que dans l'interaction du travail et de la loi : il est la parole de l'homme qui met en jeu son corps dans le monde. C'est pourquoi il se reconnaît à chaque étape de sa croissance et de son histoire. En lui, tout à la fois, l'homme tente de saisir l'objet, l'image et le corps social et il se dessaisit d'eux, il en est dessaisi. En obéissant aux lois d'un travail créateur, l'homme se révèle à ses propres yeux créature paradoxalement libérée, objet dessaisi de son « créateur », c'est-à-dire de lui-même. Il est créé à l'image de Dieu qui n'a *besoin* d'aucun objet d'aucune image de lui-même et d'aucune société. Dans le discours marqué de notre chiffre, nous dirions qu'il est DESIR. Mais désir toujours en genèse, ayant à DEVENIR ce qu'il est. Il ne peut en être assuré que dans la foi, c'est-à-dire par l'intermédiaire d'une Révélation qui ne vient pas de lui. La foi est, par définition, ce qui échappe à l'obligation du discours de la raison. C'est ce qui, en lui, manifeste une logique qui n'est pas de lui. C'est à l'articulation de ces deux logiques que l'homme doit son existence et son histoire. En d'autres termes, il n'est pas contraint par le besoin qu'il en a d'avouer Dieu, il ne peut que le désirer en renonçant, comme lui, à être créateur... dans l'acte même de créer. En vérité, c'est cela que signifient les notions mêmes de Créateur et de créature. L'acte de créer libère l'œuvre de celui qui la fait.

Il est très remarquable que l'on puisse lire, dans la triple tentation du Christ rapportée par les évangiles synoptiques à l'orée de la vie publique du Christ, les trois impasses où risque de s'enfermer l'activité de l'homme. Elles correspondent aux trois étapes dégagées par notre analyse. La leçon de cette péricope vigoureuse a trait à la triple fascination que peut exercer sur l'homme l'objet, l'image qu'il a de lui et la reconnaissance de ses semblables. Cette fascination que nous avons en partie étudiée à propos des « idoles » prend toujours les traits d'une puissance imaginaire sur l'objet, sur l'image ou sur la société alors même que l'homme s'y enchaîne. En court-circuitant le patient labeur du saisissement qui le délivre effectivement de son produit et de ses rêves, il se comporte comme un homme qui ne serait pas soumis à la conversion de son besoin en désir. Comme un homme qui n'en serait pas un. Le piège tendu au fils de Dieu est tout entier là. « Si tu es le fils de Dieu », tu n'es pas un homme et ta vie n'est pas régie par la loi de l'humaine condition : ton humanité est une farce. Tu prétends être Dieu, tu as la vanité de l'idole. Il est certes plus tentant de se laisser doter de la puissance imaginaire de l'idole que d'avouer l'humilité d'une parole créatrice soumise à une création dont elle n'a pas besoin. Le mépris de la création dans son ordre entraîne celui du Créateur dans le sien. L'Autre ne se révèle qu'au passage de la porte étroite de l'autre. Quelle fable serait le père du Concorde si, pour prouver qu'il l'est, il se dispensait d'obéir aux règles qui en assurent le vol...

— « *Si tu es le Fils de Dieu, ordonne à ces pierres de se changer en pain...* » Réduis l'attente patiente de ton désir à la satisfaction immédiate de ton besoin !

Et le Christ de répondre : « *L'homme ne vit pas seulement de pain, mais de toute parole qui sort de la bouche de Dieu* » (Mt 4, 4). L'objet qui nourrit est, pour lui, indissociable de la présence qui parle.

— « *Si tu te prosternes devant moi... je te donnerai la puissance et la gloire tout entière...* » Ma puissance — celle que tu me confères — sera la tienne. Ainsi en est-il inconsciemment entre Johnny et ses fans et, explicitement, dans le feuilleton télévisé (tous les lundis de l'été 1968) des *Compagnons de Baal,* qui terminent leur liturgie par cette prière à Lucifer : « Que *notre* règne arrive pour que le lien se réalise. » Règne signifie ici amour-propre et intérêt, l'image toute-puissante que je me fais du Baal ou la projection de moi-même...

Et la réponse : « *Tu adoreras le Seigneur ton Dieu...* en esprit et en vérité » : Il est toujours Autre que l'autre que tu imagines. Comme toi.

— « *L'emmenant,* enfin, *à Jérusalem, au faîte du temple,* à la place de Dieu, le diable dit à Jésus : « *Si tu es le Fils de Dieu, jette-toi d'ici en bas car il est écrit : Il donnera pour toi des ordres à ses anges afin qu'ils te gardent...* » Tu n'es que ce que sont tes semblables, ceux de ton parti, tu n'as pas de différence personnelle, tu n'es rien d'autre que ce que l'*on* veut que tu sois, et si tu n'es que ça, ta sécurité te sera garantie. C'est ainsi que se conduisent les anges du Kremlin à l'égard de M. Dubcek après l'avoir enlevé et transporté dans la ville des prophètes socialistes...

Et Jésus d'affirmer : « *Tu ne tenteras pas le Seigneur ton Dieu.* » Il n'attache à lui sa créature que pour qu'elle s'en détache et lui offre comme son présent — et sa présence — une liberté conquise par elle. La sienne.

Décidément, le Fils de Dieu *fonctionne* bien comme un homme, non comme une idole. En lui et pour lui, l'objet est indissociable de la parole, la puissance indissociable de son corps et son insertion dans une société de son irréductible différence. Il n'échappe pas aux lois qui régissent les sphères de l'individu, de la famille et de la politique humaine. Il les accomplit. En lui, la parole est médiatrice entre ce qu'il est et ce qu'il n'est pas. Il est la Parole, celle de Dieu et celle de l'homme. Médiateur, il renvoie chacun à soi et à l'Autre. Il est l'autre et l'Autre.

Ce que nous voudrions souligner ici, c'est que le Christ, dans l'Evangile, *opère* et réalise parfaitement le jeu des lois dans lesquelles l'homme avoue sa spécificité. Mais constater cette opération n'est pas nécessairement confesser la foi en l'existence de Dieu. Une telle foi implique la reconnaissance de la structure de l'homme telle que la redécouvrent les sciences humaines. Elle affirme que l'homme n'est saisi par Dieu *que* s'il travaille à la connaissance de soi. Dans ce travail, il *trouve* autre chose que ce qu'il cherche. Encore faut-il qu'il aille *jusqu'au bout* de sa recherche qui le conduit au face à face avec la mort où il se révèle radicalement Autre que ce qu'il travaille à être. Dans l'événement de la mort, il échappe à lui-même. Comme dans l'éclair du présent.

IV

SEXUALITÉ ET MORALE

Le rôle structurant de la loi dans l'activité humaine nous conduit à nous interroger sur celle-ci. En ce point, notre réflexion soulève la question de la *morale* comme science de l'agir humain. En tant que telle, nous l'avons vu, cette loi morale est ordonnée à l'union et à la différenciation des hommes entre eux. Dès qu'elle n'est plus le support de ce double mouvement, le développement de l'homme qu'elle entend, de droit, promouvoir, s'enraye. Parce qu'elle est l'instrument que l'homme se donne en même temps qu'il la reçoit de la société dans laquelle il vit, parce qu'elle est fabriquée par l'homme alors qu'elle le structure, la loi morale se situe au centre de l'expérience humaine. Elle entretient un rapport si étroit avec la vie que ce n'est qu'en vivant que l'homme peut la reconnaître et l'élaborer. Cette reconnaissance et cette élaboration sont chevillées à la question de l'homme : « Qui suis-je moi qui, vivant, meurs ? » Personne ne peut nier, en effet, que la loi a quelque chose à voir avec la naissance, la vie et la mort de l'homme. Elle renvoie à l'homme la question qu'il ne cesse de se poser, celle de sa fin et de son origine. L'homme, sanglé dans son corps, ne peut en effet envisager sa mort qu'en posant la question de son origine. Il ne peut tenter d'imaginer ce qu'il n'est pas — un mort — qu'en essayant d'imaginer qu'il aurait pu ne pas être, ne pas naître. Il cherche alors à comprendre l'histoire de la différence sexuée qu'il est à la lumière de la différence sexuelle qui lui a donné naissance. Il est, dans son corps, le fruit d'une différence qui s'accomplit dans l'union. La loi est le reflet et le support de ce paradoxe. Elle dégage l'ensemble des règles qui lient les hommes en une Société en même temps qu'elle les différencie en sujets. En s'attachant à l'étude de la sexualité, il n'est pas étonnant, par conséquent, que la psychanalyse jette quelque lumière sur la genèse de la loi et sur son fonctionnement. Elle surprend ainsi la loi, qui entend parler au nom de la seule raison, en manifestant au cœur du discours rationnel de la conscience la faille, la béance, le manque qui le fonde et que sa cohérence s'acharne à nier. La loi, en effet, vise à enserrer tout le champ de l'activité humaine alors que cette dernière — nous l'avons vu — ne s'accomplit que dans un effet de subversion de la loi. La loi seule ne rend pas compte de l'homme. Elle ne le fait que lorsqu'elle renvoie, en lui, à ce qui n'est pas elle. Quoi qu'elle en ait, la raison de la loi qui balise de ses interdits le champ du possible et du concevable témoigne de la déraison de la vie humaine dans la visée d'impossible qui sourd de son inconcevable origine : que deux ne fassent qu'un en devenant trois, voilà l'inconcevable qu'il s'agit pour la raison humaine de concevoir ! L'origine qui la fonde est le trou, l'abîme qui la remet constamment en question. La loi croyait interdire au nom de la raison et de sa cohérence ce qui met l'homme en péril et elle découvre que c'est l'impossibilité de concevoir l'origine comme rationnelle qui la fonde : l'interdiction de se saisir dans sa propre origine conduit l'homme, par la médiation de la loi, à être saisi par la rupture d'une origine, d'une naissance qui est bien la sienne, mais qui est indissociable de l'union de deux êtres qui, différents l'un de l'autre, sont à l'origine de son être unique. L'origine de l'homme porte le sceau d'une irréductible différence. La trace, que la différence sexuelle originaire inscrit dans l'unité de l'homme et qu'elle brise déjà, est son sexe. Parce qu'il est sexué, l'homme devra *renoncer* à être ce qu'il est à son origine, union des différences. Il ne trouvera son identité qu'en s'identifiant à celui qui à l'origine est comme lui, en renonçant à s'identifier à celui qui n'est pas comme lui et qui est cependant, lui aussi, à l'origine. Dans la relation primordiale aux parents, le corps du petit d'homme porte la blessure d'un être qui devra renoncer, pour être ce qu'il est, à ce qu'il n'est pas. L'étude des processus d'identification montre qu'un tel renoncement (inconscient) n'est possible que dans la mesure où se trouve réalisée une situation œdipienne dans laquelle l'interdit de l'inceste devient signifiant du rapport de chaque membre de la famille à chacun des autres membres et à tous. Dans cet interdit, la psychanalyse voit justement la source de toute loi.

En devenant dans le temps et dans l'espace l'expression du désir de l'Autre, l'interdit et la LOI, du même coup, offrent à l'homme la possibilité d'inscrire à son tour, dans la réalité du monde, son propre désir. Il s'est identifié au porteur de la loi après avoir été soumis à la loi. La loi réalise l'*opération symbolique* de la castration qui *prive* l'individu de la puissance *qu'il n'a pas*. Seule cette opération symbolique qui noue ensemble l'absence ou la présence réelles du pénis, à sa présence ou à son absence imaginaires, fait accéder au désir et donne réalité au corps de l'homme. Par elle, la force de l'enfant, imaginairement toute-puissante et réellement impuissante, devient partiellement puissante, fidèle à ses limites, à sa différence, ouverte en même temps d'un côté sur la transparence du rêve et de l'autre sur la radicale opacité du réel. C'est cette rupture symbolique qui *unit et sépare* le réel de l'imaginaire et rend opératoire et créatrice l'activité de l'homme.

Le renoncement, le sentiment de culpabilité et la conscience morale

C'est en renonçant à l'impossible que l'homme choit dans le champ du possible où sa pensée peut devenir, à partir de ce qu'il perçoit, *acte*. L'impossible auquel l'homme doit renoncer est sa croyance première en la toute-puissance imaginaire de sa pensée sur le monde de sa perception. Il ne suffit pas de vouloir attraper la lune pour le pouvoir. Le renoncement à être immédiatement ce que l'on croit être ou à faire immédiatement ce que l'on veut faire, noue, dans l'acte, le projet imaginaire de l'homme à la réalisation de son corps et du monde dans lequel il se meut. Nous l'avons vu, cette articulation n'est possible qu'en référence à une LOI, lieu du symbolique, lui interdisant, pour devenir ce qu'il est, d'être ce qu'il n'est pas. Il n'est pas l'acte d'une parole toute-puissante, il est simplement porteur d'une parole, d'un verbe qui conjugue son projet d'être à l'avoir de son corps. Il n'est pas, à lui seul, l'unité de la différence sexuelle qui, à l'origine, le fonde, il est simplement porteur d'une différence, d'un sexe qui conjugue son projet d'être *un* à l'avoir de son corps marqué d'un plus ou d'un moins. D'un plus s'il croit avoir la puissance — le « phallus » des psychanalystes, qui n'est pas l'organe sexuel bien que celui-ci en soit le support —, d'un moins s'il croit en être privé — l'amputation ou le morcellement (qui ne sont pas ce que l'analyse appelle « castration »). Mais, homme ou femme, la puissance de l'être sexué que nous sommes ne s'éprouve que sous la menace de la castration que fait peser sur lui la puissance d'un autre.

L'enfant a, certes, besoin de l'adulte et de son autorité et s'il ne veut pas le reconnaître, on le lui fera sentir par la menace un peu sadique de l'abandon. Il est, ainsi, tenu à la merci d'un plus grand, car il attend, et il est obligé d'attendre, désarmé, petit, aussi longtemps que le voudra la toute-puissance de l'adulte — peu importe ici son sexe. Le rapport du plus faible au plus fort est l'amorce du chantage à l'absolu qui peut prendre toutes les formes. C'est bien dans cet univers où « le sexe importe peu » que la loi, synonyme de puissance, devient à elle-même sa propre fin. La relation à l'adulte n'y est plus vécue que comme une relation quantitative de force en plus ou en moins, comme un rapport du plus petit au plus grand, comme une alternative entre l'aliénation du besoin et la déréliction de l'abandon. Tout essai de rompre ses chaînes ne fera qu'accentuer la dépendance dans laquelle le petit d'homme se trouve. La rationalisation religieuse dont se couvre pudiquement ce processus est effectivement la racine du chantage à l'absolu qui entraîne morcellement et amputation parce qu'elle interdit — précisément — le jeu de l'opération symbolique de la *castration*. Pour que cette dernière ait un sens, il faut précisément qu'y soit marquée la place du sexe, réintroduisant dans le réseau des signifiants le corps. C'est ce que néglige, à coup sûr, le précédent rapport où « peu importe le sexe ». Seule, l'identification à un être sexué, dans la situation œdipienne où opère la castration, permet de sortir de l'alternative emprisonnante ou rejetante. Elle fait passer la contrainte d'un rapport de quantité (de formes, de forces, de grandeur, etc.) à la spécificité d'une relation de différence (sexuelle) où l'autre n'est plus ressenti et vécu comme un plus ou un moins, mais appréhendé et reconnu comme un Autre. Le complexe d'Œdipe n'est pas une construction d'intellectuel, c'est, par la porte étroite du corps, l'irruption dans l'ordre du symbolique, du réel et de l'imaginaire qui tissent l'homme.

La puissance du père et l'interdit qui la manifeste dépouillent l'enfant de sa toute-puissance imaginaire et lui ouvrent la voie d'une puissance partielle mais effective. L'interdit de la LOI médiatise le désir de chacun, qui n'est celui de chacun que parce qu'il a à renoncer à réduire celui de l'autre. De ce renoncement à la toute-puissance, l'homme porte la marque structurante : celle du *désir* dont il est l'acte. Opération symbolique qui structure le rapport de l'homme à l'interdit et à la loi, la « castration [1] », mise en évidence par Freud et par

1. J. Lacan, « Les formations de l'inconscient », in *Bulletin de Psychologie*, 1957-58, p. 15, compte rendu par J.-B. Pontalis : « La castration n'est pas réelle, elle est liée à un désir et elle concerne un organe. Cela veut dire que, pour que le désir traverse heureu-

l'expérience analytique, revêt une importance centrale pour ce qui, ici, nous occupe. La prohibition de l'inceste, noyau de toute loi, fait du sexe le lieu privilégié du désir. En lui, l'irréductibilité des différences va témoigner de la passion de l'unité originelle perdue. Il ne se comprend qu'en référence à l'autre que, pourtant, il n'est pas. Il est le lieu de l'union qui différencie, le champ du symbolique (par excellence) où se réalise dans la disparition de la tension du désir l'union imaginaire de la chair, c'est-à-dire des différences réelles.

En d'autres termes, le désir de l'homme ne peut laisser sa trace signifiante dans le monde qu'à la condition de renoncer à avoir ou à être la totalité du monde dans l'acte même de le posséder. Dans le moment même où il tend à l'union avec l'autre pour réaliser l'unité qu'il cherche, l'autre l'*altère*. En lui échappant, il le renvoie à son irréductible différence dans l'acte même qui tenterait de la réduire. Il est l'autre de l'autre et de lui-même : Autre.

Par la limite extérieure imposée à sa pulsion, l'homme confesse l'existence interdite de l'autre en même temps que la *faille* qui l'habite : le manque-à-être qui le constitue en désir d'être. C'est ainsi que par la médiation de l'interdit et du renoncement qu'il implique, l'enfant, limitant son besoin d'avoir tout, le rend opératoire et efficace. Il s'interdit ce qui lui est interdit par un autre. Ce faisant, il acquiert la capacité d'interdire à son tour dans le champ de son désir. Pour lui, l'interdiction d'aimer sa mère comme une épouse est le signe positif qu'une femme

sement certaines phases, le phallus doit être marqué de ceci : il n'est maintenu conservé que pour autant qu'il a traversé la menace de la castration. »

Cf. aussi « La relation d'objet et les structures freudiennes », 1956-57, p. 5 : « La castration ne se conçoit que liée à l'ordre de la loi — loi présente dans la structure de l'œdipe et la prohibition de l'inceste — et au registre de la sanction. Sans élucider, pour l'instant, le paradoxe qu'il y a à placer, comme le fait Freud, la castration au cœur de la crise œdipienne, indiquons que la castration ne peut se situer qu'au niveau de ce que nous appelons la dette symbolique. »

qui n'est pas la femme de son père peut être aimée comme une épouse, qu'il peut, à son tour, aimer une autre femme comme son père aime sa mère. Il peut faire *comme papa* dans la mesure même où il cesse de s'identifier imaginairement à son père ou à sa mère. Il accède ainsi à sa propre identité toujours à découvrir dans son rapport au manque. Ce processus de décontamination, toujours asymptotique, le livre à un désir qui est bien le sien et qui n'est que le sien. Il passe par l'intériorisation d'un interdit extérieur où l'on reconnaît la genèse de l'instance psychique que Freud a découverte et qu'il nomme le *surmoi.*

Pour éviter tout contresens, disons d'abord que le sur-moi ne peut pas être ce dont il faudrait pouvoir se débarrasser une bonne fois pour vivre enfin libre de toute contrainte. Il représente, au contraire, une instance *nécessaire* au fonctionnement de l'appareil psychique, fonctionnement qu'il peut bloquer dans la mesure même où son hypertrophie (ou son absence) ne permet plus le jeu des autres instances constitutives de la vie de l'homme et que Freud a distinguées sous le nom de « ça » et de « moi ». Peu importe, ici, l'articulation de ces différentes instances. Qu'il nous suffise d'entrevoir que la formation du surmoi et sa mise en place, pour ainsi dire, ne sont pas étrangères à la genèse de la conscience morale et au sentiment de culpabilité qui lui est corrélatif.

Si l'enfant, en effet, n'amorce jamais le processus de renoncement à la mère, jamais il ne se libérera d'un sentiment de jalousie coupable et inhibiteur qui naît de la persuasion intime et inconsciente que la satisfaction qu'éprouve l'autre dans la relation à l'objet qu'il convoite, lui revient. Il éprouve un intense sentiment de frustration devant la liberté de l'autre à jouir de son objet. Il lui semble alors que la condition de sa propre jouissance est liée à la disparition de la jouissance de l'autre : il est ainsi livré à ses pulsions meurtrières qui, dans la mesure même où elles se réalisent, ne lui permettent pas d'accéder à la jouissance, coupable qu'il est d'avoir tué dans l'imaginaire de son rêve ou dans le réel de son comportement. Le renoncement peut se lire, maintenant, comme le dépassement du besoin de tuer pour vivre. Si, pour une raison ou pour une autre, le mouvement impliqué par le renoncement ne se développe pas, jamais l'adulte ne pourra laisser dans le cœur et le ventre d'une femme sa trace, jamais il ne pourra marquer de son signe la société des hommes, car cette trace ou ce signe auront le goût inavoué du meurtre. L'interdit qu'il n'aura pas pu ou su respecter jadis resurgira constamment, et dans son désir même, sous forme de culpabilité inhibitrice, de « paresse », de « paralysie ». L'œil de Caïn qui, par le meurtre, tente de prendre la place de son frère dans le monde et dans le désir de Dieu, ne lui laisse aucun repos et ne lui permet de trouver aucune place dans le monde comme étant la « sienne » : celle qu'il occupe, où qu'il soit et jusque dans la tombe, est toujours celle de son frère.

S. Freud, dans un court écrit intitulé *Malaise dans la civilisation,* a articulé le premier le mouvement dont nous parlons et qui témoigne de la mise en œuvre des différentes instances psychiques. « Nous connaissons, écrit-il, deux origines au sentiment de culpabilité : l'une est l'angoisse devant l'autorité, l'autre — postérieure — est l'angoisse devant le *surmoi.* La première contraint l'homme à renoncer à satisfaire ses pulsions. La seconde, étant donné l'impossibilité de cacher au surmoi la persistance des désirs défendus, pousse en outre le sujet à se punir. Nous avons vu aussi comment on peut comprendre la sévérité du surmoi, c'est-à-dire les ordres de la conscience. Elle prolonge tout simplement la sévérité de l'autorité extérieure qu'elle a relevée de ses fonctions et remplacée en partie. Nous discernons maintenant le rapport existant entre le renoncement aux pulsions et le sentiment de culpabilité. A l'origine, le renoncement est bien la conséquence de l'angoisse inspirée par l'autorité externe : on renonce à des satisfactions pour ne pas perdre son amour. Ceci une fois accompli, on est, pour ainsi dire, quitte envers elle (l'acquittement de la dette symbolique dont parle Lacan) ; il ne devrait alors subsister aucun sentiment de culpabilité.

Mais il en va autrement de l'angoisse devant le surmoi. Ici, le renoncement n'apporte pas un secours suffisant, car le désir persiste et ne peut être dissimulé en surmoi. Un sentiment de faute réussira par conséquent à naître en dépit du renoncement accompli. Et ceci constitue un grave inconvénient économique de l'entrée en jeu du surmoi, ou, comme on peut dire aussi, du mode de formation de la conscience morale. Dès lors le renoncement aux pulsions n'exerce plus aucune action libératrice, l'abstinence n'est plus récompensée par l'assurance de conserver l'amour, et l'on a échangé un malheur extérieur menaçant — perte de l'amour de l'autorité extérieure et punition de sa part — contre un malheur intérieur continuel, à savoir cet état de tension propre au sentiment de culpabilité [1]. »

Freud a insisté sur la sévérité d'un surmoi contraignant au contrôle duquel aucune pulsion ne peut échapper. Il a parfaitement mis en évidence le glissement inhérent à l'intériorisation de « l'autorité » qui, de l'interdiction de l'*objet* (la mère, par exemple), passe à la condamnation de la pulsion qui vise cet objet et, par une sorte de contamination, à la culpabilisation de toute pulsion. Dans ce processus, l'expérience analytique reconnaît la racine de bien des inhibitions, quels que soient les noms que socialement on leur donne : timidité, paresse, échec scolaire, manque de volonté, etc.

Ce que Freud a peut-être moins bien vu, c'est que, dans la mesure où cette confusion, qui fait refluer l'interdiction ayant trait à l'objet d'amour sur la possibilité d'aimer du sujet, est évitée, le surmoi apparaît tout à la fois comme une instance interdisante et libératrice. En interdisant le champ de l'inceste, il ouvre aux investigations du sujet tous les autres champs. Il est à la fois survivance de l'autorité extérieure et naissance d'une autorité nouvelle,

1. S. Freud, *Malaise dans la civilisation*, Denoël-Steele, 1934, p. 59.

celle du sujet, qui, après s'être opposée à la première, va s'en détacher pour courir le risque de sa propre aventure dans le champ qu'elle aura à conquérir. C'est à ce point nodal, continuité dans la rupture, qu'il faut remonter pour saisir la racine du processus de *sublimation* par lequel chacune de nos existences œuvre à sa propre tâche. La sublimation n'est pas, comme on le croit souvent, l'idéalisation vague et désincarnée qui éviterait le conflit de l'engagement dans le corps et dans le monde. Empruntée au domaine de la chimie, la notion de sublimation indique la possibilité pour un corps de passer d'un état à un autre (l'état solide à l'état gazeux, par exemple) sans perdre ses propriétés. Pour Freud, « la pulsion est dite sublimée dans la mesure où elle est dérivée vers un nouveau but non sexuel et où elle vise des objets socialement valorisés [1]. » Nous pensons cependant que la dérivation de la pulsion libidinale qui, à cause des exigences du surmoi, doit, pour se développer, abandonner l'objet primordial, la mère, pour se fixer sur un nouvel objet pris *dans la société* mais hors du champ interdit, obéit aussi à un processus de sublimation. La prohibition de l'inceste est une des clés de voûte de toute société. Nous ne pouvons aborder ici dans toute son étendue cette longue et difficile question. Disons simplement que ce qu'on appelle le mariage — dont le but est, en première apparence, sexuel — n'est pas exempt de sublimation ! Autrement dit, l'objet de la pulsion n'est déjà plus, dans ce cas, *que* sexuel. Il n'y a, à la limite, qu'un objet purement sexuel, c'est l'objet incestueux. Mais qui pratique l'inceste se met précisément en marge de toute société. L'on voit ainsi que, par la médiation du surmoi, la sphère sexuelle s'articule nécessairement à la sphère sociale. Par sa mise en jeu, le sexe n'est plus recherché pour lui-même (dans ce cas, il resterait au niveau de ce que les analystes appellent « l'objet partiel » des psychotiques) : il devient

1. J. Laplanche et J.-B. Pontalis, *Vocabulaire de la psychanalyse*, P.U.F., 1967, p. 465.

le lieu de la médiation entre le sujet et les autres, entre l'individu et la société. Si, comme nous le disions plus haut, le désir est chevillé au sexe, il n'est pas épuisé par lui : le désir de l'homme vise autre chose que la chose, autre chose que le sexe dans l'activité sexuelle elle-même. Mélanie Klein qui s'est, plus que tout autre peut-être, attachée à l'étude des composantes sadiques dans la pulsion sexuelle chez l'enfant, a bien vu comment le surmoi opérait le détachement dont nous parlons. Elle l'articule aussi à la sublimation. « Dans le cours ultérieur de son analyse, l'enfant devient capable, dans une certaine mesure, de substituer au refoulement un refus soumis à son examen critique. C'est particulièrement visible au moment où il se détache suffisamment des pulsions sadiques, qui naguère le dominaient et dont l'interprétation se heurtait aux résistances les plus vives, pour les juger à l'occasion avec *humour*. J'ai entendu de tout petits enfants rire à l'idée qu'ils avaient voulu réellement manger leur maman et la couper en morceaux. L'atténuation de la culpabilité qui est liée à cette transformation rend du même coup possible la sublimation des désirs sadiques, jusque-là totalement refoulés. Aussi voit-on cesser l'inhibition au jeu et à l'étude, en même temps que surgit une multitude d'activités et d'intérêts nouveaux [1]. » C'est pour les mêmes raisons qu'après la période de latence de la prépuberté, l'enfant pourra s'intéresser à une autre femme que sa mère ou à un autre homme que son père, à un être « nouveau ». L'interdit intériorisé en surmoi ouvre la brèche d'une distance que M. Klein nomme humour. Elle écrit en note à ce texte : « Cette observation qui veut que, lorsque la sévérité du surmoi diminue, les enfants développent un sentiment d'humour, est, me semble-t-il, totalement en accord avec la théorie de Freud sur la nature de l'humour qui, selon lui, est dû à un surmoi aimable. Il termine son livre sur « Humour » (1928) en disant : « En dernier lieu, si le surmoi cherche

1. M. Klein, *La Psychanalyse des enfants*, P.U.F., 1959, p. 25.

véritablement à fortifier le moi avec son humour et ainsi à le protéger contre la souffrance, celui-ci n'entrera pas en conflit avec son *dérivé* de l'institution parentale. » C'est en tant qu'il est lui-même le dérivé possible de l'autorité parentale que le surmoi permet la dérivation de la pulsion sur un autre objet, sa « libération ».

Les méandres de cette insuffisante analyse jettent quelque lumière, à partir de la formation de la conscience morale, sur la morale elle-même. Celle-ci ne vaut jamais en et par elle-même. Elle ne vaut qu'en tant qu'elle libère l'homme. Elle entend donner les lois qui régissent le désir de l'homme. Si, d'autre part, le désir de l'homme est, comme nous l'avons vu, lié au sexe, il ne faut pas s'étonner que, d'une manière implicite ou explicite, le champ de celui-ci soit concerné par elle. Voilà qui nous ramène au cœur de notre problème.

Sexe et morale

Instrument que l'homme *reçoit* de la société et qu'il *se donne*, la loi morale se situe au centre de l'expérience humaine qu'elle médiatise. Sa médiation vient de ce que, étant l'œuvre de l'homme, elle structure l'homme comme un être qui échappe à la loi qu'il se donne et dans laquelle il s'exprime. Elle n'est loi que dans ce double mouvement. Dès que, pour une raison ou pour une autre, elle cesse d'être l'*œuvre* [1] de l'homme, elle trahit l'expression vivante de l'homme ordonnée à autre chose qu'à sa propre cohérence logique, à l'homme lui-même. Si, au nom de la Raison et de la cohérence, la loi morale se donne comme l'expression définitive de l'homme, comme l'expression absolue à laquelle l'homme doit se conformer en raison de sa logique, l'homme, à son contact, n'est plus renvoyé à cet autre qui, en lui, échappe à ce qu'il sait de lui. Il

1. « Œuvre » au sens où nous l'avons définie dans les chapitres précédents.

s'aliène à l'idée qu'il a de lui-même. Si au contraire, au nom de l'impossibilité de la loi à rendre compte de tout l'homme, l'homme refuse d'élaborer une certaine expression « normative » de lui-même, il perd l'instrument de son développement qui le renvoie à lui-même comme à l'autre toujours à découvrir. Il s'aliène alors à l'ignorance d'un désir qui ne peut croître qu'en se disant, qu'en « nommant » les choses qu'il investit et à travers lesquelles il recherche autre chose que la chose, lui-même.

La loi, par contre, est l'œuvre de l'homme dans la mesure où elle devient le support constamment renouvelé où s'articulent la conscience de l'homme et son inconscient. L'interdit de la loi n'a de sens pour l'homme que s'il ouvre, pour lui, le champ indéfini de la découverte de lui-même jusqu'en la question de son origine et de son sexe, de sa vie et de sa mort. Dès que la loi sombre dans la tentation de donner une réponse définitive, elle oblitère la source même où elle puise sa force. De proche en proche, elle *s'imagine* devoir indiquer, contrôler, définir — de l'extérieur où elle se trouve — tous les champs de l'activité humaine. D'expression du renoncement auquel l'homme a consenti en y reconnaissant la vérité de son désir, elle se durcit en une idole totalitaire et inhibitrice qui devient de plus en plus étrangère à l'homme qui ne s'y reconnaît plus : elle ne le libère plus de sa propre image. Les pages qui précèdent ont tenté de montrer comment, en ce point précis, la loi devient violence et suscite la rébellion qui la fera éclater.

S'il en est ainsi, l'on voit que la loi morale ne se justifie aucunement au nom de la Raison, de la cohérence consciente qui est la sienne. Elle n'est et ne peut être justifiée, au contraire, que par *le fait* que l'homme ne saurait se réduire à ce qu'elle dit de lui, qu'il lui échappe ; c'est dans cette échappée que l'homme se reconnaît et c'est là que, secrètement, toute loi qu'il se donne est ordonnée. Certes l'interdit que la loi fait peser sur lui le structure en être raisonnable. Cependant, la raison est ici à prendre au sens, non d'une prudence délavée ou de quelque fausse sagesse, mais d'une audace qui, tenant compte de l'interdit de fait, se donne les moyens de réaliser ce qui est en son pouvoir en renonçant à ses chimères.

De cela, il résulte qu'en rigueur de termes la morale ne peut prétendre à porter les interdits qu'elle édicte au nom de la pure Raison comme elle le fait trop souvent. C'est l'inverse qui est vrai : ce n'est pas la raison qui fonde la conscience morale et ses interdits, c'est l'interdit qui est le fondement de la raison. La conscience morale, en effet, dans la mesure où elle fait appel à la seule raison (qu'elle soit économique ou idéologique) se trompe : sa source est dans l'*incompréhensible limitation imposée par l'irruption du désir d'un autre auquel est accordé le même degré d'existence qu'à soi,* dans l'irrationalité de l'amour à quoi renvoie finalement toute raison tentant de rendre compte de l'irrationnelle différence des êtres, différence de fait qui ramène toujours à la différence sexuelle que tout dans l'activité de l'homme peut signifier, mais qu'aucune signification ne justifie : pure différence que toute différence symbolise sans jamais l'épuiser.

C'est pourquoi il n'est pas étonnant que les plus fortes remises en question de la loi jaillissent à propos de la vie sexuelle où se joue le jeu du double rapport à l'autre et à l'Autre. Les événements de mai 1968 commencent par la revendication, dans un groupe d'étudiants, de la liberté sexuelle. Est-ce tout à fait par hasard ? Quand la loi, le *droit,* tend à devenir à lui-même sa propre fin, le sexe, le *fait,* suit, si l'on peut dire, la même pente. Les ères où s'écroulent les institutions sont aussi celles de la débâcle sexuelle dans l'indifférenciation des sexes. Le droit n'y fonctionne plus dans la référence au fait qui le soutient et le fait de la différence ne trouve plus la possibilité de se symboliser dans un rapport à la loi. La parole qui assure ce double rapport s'effrite dans la destructuration du langage.

Le sexe n'est le lieu de la différenciation que lorsque, par la médiation de la loi, il renvoie aux *êtres* sexuellement différenciés et irréductibles à une pure fonction. Autrement, dans le processus de l'idolâtrie déjà étudié, il devient son propre mythe. Or c'est bien à la « démythisation » du sexe qu'en juif génial S. Freud s'est attaqué. Ce faisant il rend à la sphère sexuelle son caractère opératoire qui ne vaut que dans la symbolisation, qu'à partir d'elle, l'homme se donne de lui. La psychanalyse, sur les traces de son fondateur, découvre et affirme que la différence sexuelle de fait, dans sa matérialité organique et physiologique, est impuissante, seule, à déterminer l'identité des hommes dans leurs différences respectives. Cette identité dans la différence ne peut être saisie et vécue que si la différence sexuelle qui la fonde est médiatisée et intégrée dans le réseau des signifiants de son histoire. C'est pourquoi elle est la science du désir de l'homme où se nouent et se dénouent constamment le réel de sa différence et l'imaginaire de la représentation qu'il s'en donne.

En mettant scientifiquement au jour le caractère opératoire de la sexualité, en en précisant les lois, Freud, en effet, désacralise le sexe, objet « tabou » de la loi morale. Une telle investigation ne pouvait qu'ébranler cette dernière. Par cette désacralisation révolutionnaire, Freud s'inscrit dans la plus pure tradition israélite, celle du peuple de Yahvé : non qu'il élabore et proclame une foi quelconque en un Dieu, mais bien plutôt parce qu'il retrouve avec sûreté une des lignes de force du surgissement de la foi. Pour les Juifs, ce n'est pas parce que l'homme est un être sexué qu'il est sacré, c'est parce qu'il est, en son essence, un être de désir. (Nous retrouvons, en ce point, l'affirmation de cet autre Israélite, B. Spinoza, par laquelle nous avons introduit ces pages...) Sur la question centrale de la démythisation de la sexualité, écoutons plutôt l'historien des religions, Gerhard von Rad : « Ce qu'il y a de plus extraordinaire, aux yeux de l'historien des religions, c'est la manière dont le culte de Yahvé s'est comporté en face de toute mythologie sexuelle. Dans les cultes cananéens, l'accouplement et la génération étaient envisagés mythiquement comme événements divins ; il en résultait une atmosphère religieuse saturée d'images mythiques sexuelles. Mais Israël n'a pas participé à la divinisation du sexe. Yahvé se tenait totalement au-delà de la polarité sexuelle, ce qui signifie qu'Israël n'a jamais considéré la sexualité comme mystère sacral. Elle était exclue du culte parce qu'elle appartient à l'ordre créatural. On a, certes, souvent dit que l'ancien Israël n'avait pas eu de doctrine précise de la création et que seules des conceptions cananéennes l'avaient aidé à développer sa foi dans cette direction. C'est exact dans une certaine mesure, car ce n'est que par l'assimilation de certaines notions — celle du combat créateur de Yahvé contre le dragon du chaos et d'une formation de la terre à partir d'éléments pris à la puissance ennemie vaincue — qu'Israël semble avoir trouvé les matériaux d'une représentation cohérente de sa foi en la création. Mais même dans sa position polémique contre toute divinisation de la sexualité, sa façon de reléguer tout ce domaine vital en dehors du culte et de la réalité sacrale montre qu'Israël a eu très tôt une doctrine claire de la création — au moins *in nuce. Elle allait d'emblée de pair avec la désacralisation du sexe ; on peut même la considérer comme la force qui l'a provoquée.* Les images allégoriques des prophètes montrent l'efficacité de la lutte remportée par Israël contre ces tentations. Tant Osée (1-3) qu'Ezéchiel (16, 23) représentent Yahvé comme l'époux de femmes terrestres, sans avoir à craindre que ces images soient mal interprétées, dans le sens mythologique[1]. »

Quand elle prend pour unique critère la physiologie — fût-ce pour en proclamer le respect —, la loi morale ne remplit plus sa fonction de médiatrice entre l'homme et l'homme, entre l'homme et Dieu. Elle en vient, quoiqu'elle s'en défende, à sacraliser le sexe. Elle retombe dans la

1. Gerhard von Rad, *Théologie de l'Ancien Testament*, Labor et Fides, Genève, 1963, t. I, p. 34-35. C'est nous qui soulignons.

tentation de l'idolâtrie. Ses interdits deviennent des « tabous »... au lieu d'être ordonnés à la libération du désir de l'homme. La morale devient pure aliénation lorsque l'interdit qu'elle édicte avec force de loi perd son sens, qu'il ne s'articule pas sur le désir d'un autre et, par là, ne s'ouvre plus à la reconnaissance des autres. Elle n'est plus vécue alors comme médiation et ouverture, mais comme but et prison. Si elle ne redécouvre pas constamment le mouvement dialectique de sa fonction de libération, toute loi finit par se donner — en soi — comme loi de perfection, modèle déréalisé ou idéalisé auquel l'homme tente de se conformer. Elle enferme sa proie dans les rets de sa propre image. Elle n'est plus que la garantie d'un ordre rigide et rassurant (moral, social ou politique) qui est à lui-même sa propre fin et qui impose sa contrainte à l'infini désir de l'homme qui, dans l'acte de renoncer, s'ouvre toujours, dans sa relation à l'autre, sur l'Autre. Dès lors, la loi s'absolutise : ce n'est plus elle qui est ordonnée à la différenciation des êtres, ce sont les êtres qui sont réduits au respect d'une loi, et de l'ordre qu'elle instaure. Mais en même temps qu'il se mire dans cet ordre comme dans l'image intègre et idéalisée de lui-même, l'homme devient détenteur d'une loi qui le tue. Il ne perçoit plus que l'interdit de la loi est le signe, qu'il s'est donné, d'une différence qui lui échappe totalement, d'une altérité en lui et hors de lui.

Nous n'en voulons, encore une fois, comme illustrissime exemple que la scène qui met en présence, dans l'Evangile, Jésus, les pharisiens et la femme adultère. Ce n'est pas par hasard, précisément, que la pulsion sexuelle apparaît, dans cet épisode, comme ce qui met en danger l'ordre établi, et que les pharisiens, immédiatement identifiés à la loi, préconisent la lapidation de la femme jusqu'à ce que mort s'ensuive. Mais dès que, par une question, quelqu'un fait valoir la loi en sa place de médiatrice, la déboulonnant de son socle, ce sont les accusateurs qui sont contraints de disparaître. La loi adorée en sa seule cohérence ne laisse de place ni pour les hommes ni pour Dieu. Elle devient totalitaire. Préoccupée d'elle-même, elle ne renvoie plus à la pulsion qu'elle prétend exprimer.

La loi morale, médiatrice entre l'individu et la société des hommes

S'enracinant, en dernier ressort, dans la différence sexuelle de fait, dans la symbolisation de droit par laquelle l'homme se représente, la loi morale se trouve ordonnée au dépassement de la représentation dont elle est le support : elle est médiatrice, dans l'homme, entre le sexe, pur objet de différenciation « naturelle [1] » et son désir d'être qui le constitue en sujet « culturel » ; entre les hommes, elle est médiatrice dans le temps et dans l'espace.

Elle lie entre elles les générations et les différencie, elle lie entre eux les hommes non plus dans l'apparence et la conformité d'un même moule, mais dans leur différence de frères [2]. Ainsi devraient pouvoir se lire les règles qui régissent la relation pédagogique, nécessaire relais de la sphère familiale à la sphère politique. En se crispant, en effet, sur son savoir et en s'érigeant en juge de l'élève, le maître ne risque qu'une chose : perdre un jour l'empan de raison qu'à ses yeux le savoir lui confère... alors que toute son activité est ordonnée à la possibilité de renoncer, un jour, au savoir qu'il transmet. Il en va du savoir de l'homme comme de son NOM, il ne le transmet qu'en s'en détachant après en avoir fait l'expression de sa vie. La possibilité de transmettre le savoir se trouve liée à la possibilité de transmettre la vie.

1. Il faut mentionner ici l'ambiguïté du concept de « loi naturelle ».

2. L'égalité et la fraternité républicaines des citoyens ne peuvent être celles de l'apparence et de l'avoir. Elles touchent à un autre ordre, car alors comment l'homme et la femme pourraient-ils se dire « égaux » ?

L'on est pris par l'un comme par l'autre alors qu'on croit les prendre. Bien plus, le savoir ne se donne comme l'expression de la vérité qu'il cherche que s'il indique, comme sa source et le ressort de son développement, l'impossibilité de se dire adéquatement. Le savoir n'est commun que s'il renvoie à l'inexprimable vérité de ceux qui le partagent. Cette digression sur le rapport pédagogique éclaire ce que nous tentons de dire de la loi morale qui n'est autre que la science, le *savoir* de l'agir humain. L'un et l'autre sont le lieu de la nécessaire expression de l'homme et du renoncement à voir dans cette expression l'image globale et définitive de l'homme. La science n'assure l'évolution de l'homme que dans la mise en question qui la renouvelle. Quand elle prétend répondre à la question de l'homme à sa place, elle ouvre, à cause de son totalitarisme, la voie de la révolution permanente et impossible, où la différence des êtres et des classes sociales ne peut plus se vivre que dans un rapport d'opposition et de force.

Dans une société donnée, la contestation du lien politique et la violence qu'elle implique surgissent dans les suites d'un temps où la différence sexuelle se vit comme une opposition sexuelle. Notre époque ressemble beaucoup, en ce sens, à celle de l'effondrement de l'Empire romain. Le même effondrement des frontières qui nécessite de tenir compte de l'autre en nous et non plus hors de nous, séparé ; mais aussi, sur le plan de la sexualité, la même impossibilité de reconnaître la différence du désir de l'autre autrement qu'en s'y identifiant immédiatement dans la complicité du mimétisme ou le refus du rejet. La différence sexuelle ne se lit plus comme source d'êtres de désir sexuellement différenciés, mêmes et autres. La mode vestimentaire, l'escalade de l'érotisme publicitaire, la revendication des mêmes rôles sociaux, la caricature de l'amour dans l'homosexualité tandis que la grossesse est classée dans les rubriques de la Sécurité sociale sous le titre de la « maladie » ou de l'« accident »... en témoignent. Que devant de tels événements, la loi se raidisse ou devienne autoritariste n'y change rien. Elle ne peut que se mettre à l'écoute : elle n'est plus l'expression des sujets qu'elle régit. Et, sans eux, elle n'est rien. Tout comme la science... même si celle-ci, dans sa prétention, préfère avouer la disparition de l'homme plutôt que sa propre vanité. La science, la technique, l'idéologie posent la question de l'homme à laquelle l'homme seul peut répondre en posant, à son compte et pour lui-même, sa propre question. Quand l'homme ne peut plus être livré à cette interrogation dans son corps et dans sa vie, quand il s'en croit dispensé par la lettre de la loi ou par l'efficacité de la technique, l'homme est détruit. Seul le questionnement laisse surgir, par la faille qu'il ouvre dans le savoir, l'évanouissante mais réelle vérité de l'homme. C'est ce processus *d'échappée* à l'ordre que lui-même instaure qui fait sortir l'homme du narcissisme qui le tue. Le véritable Homme de science en vient, un jour ou l'autre, à poser la question de l'origine et de la fin de cette science. Et c'est l'homme.

L'homme de science ouvre la voie à la science de l'homme, à la morale. Si ce renversement ne se produit pas, l'homme s'enferme dans la représentation — scientifique, certes — qu'il a de lui. Or c'est de l'écart différentiel entre la représentation qu'il a de lui et ce qu'il est vraiment, ce qu'il cherche, que surgit tout le problème de l'homme. Il découvre, dans sa démarche d'expression du monde et de lui-même, qu'il est toujours *autre* que le *même* qu'il dit être. Nous retrouvons ici la structure fondamentale de l'homme évoquée plus haut qui fait de lui un être qui *parle*. Il reste à savoir si l'homme peut sortir du piège qu'il se tend en organisant sa parole en un discours opératoire sur lui et sur le monde, s'il peut échapper à la réduction de son être à l'idée qu'il en a, autrement qu'en référence à un être radicalement autre que lui, c'est-à-dire qui n'ait *besoin* d'aucune représentation pour se dire, un être qui soit l'Etre au lieu de l'avoir, un être de désir sans besoin, un être dont la différence ne nécessite pas, pour se poser dans l'être, d'être reconnue par un autre, un être qui échappe à toute conception de l'homme, inconcevable. L'homme ne pourrait se concevoir comme possible que dans l'horizon d'une impossible, d'une inconcevable altérité à l'image de laquelle il serait créé. Cette visée d'impossible qui perfore la possible vie de l'homme, nous l'avons pointée dans la prière et dans l'action de l'homme. Bien mieux, au niveau opératoire qui est le sien, la psychanalyse, dans l'étude de la sexualité où prennent naissance la pulsion de l'homme et son désir, travaille à l'élaboration d'un discours qu'elle ne pourra jamais clore, toujours ouvert qu'il est, dans l'articulation de ses chaînes signifiantes, par la médiation de l'inconscient, au SIGNIFIANT premier et dernier, c'est-à-dire au signifiant que tous les autres signifiants signifient, mais qui, lui, ne renvoie à *rien*... à moins qu'il ne renvoie à autre chose que la chose, à une Présence qui échappe à la contrainte de tout signifiant. Par ce signifiant qui n'en est pas un puisqu'il est origine et terme de tous les autres mais qu'il n'est adéquatement signifié par aucun, nous entendons le CORPS de l'homme en tant qu'il n'est saisi par l'homme que comme lieu de son désir. Il est, en soi, l'écart différentiel qui, tout à la fois, fonde et ruine le discours de l'homme qui tente de le saisir. Si bien que n'est humaine, finalement, que la loi qui, dans l'interdit qu'elle profère, libère la permission d'y revenir. Quand elle prétend le figer dans l'emprisonnement d'une technique ou d'une morale, elle ne répond plus à sa fonction de libération. Elle commet le contresens de donner comme possible la visée d'impossible qu'on lui demande de soutenir. Dans la sphère sexuelle comme dans les sphères sociale ou politique, le jeu de la loi s'enraye. Elle devient contradiction meurtrière quand elle se fige dans l'ordre à une seule dimension de la représentation. Ce faisant, elle rend impossible le jeu même de la représentation. Elle est confisquée au profit d'un des termes de cette représentation auquel elle confère un droit absolu. La loi confisquée est le signe certain qu'un des termes de la représentation s'est identifié abstraitement à elle, entraînant l'autre et les autres dans une alternative où jamais ils ne se trouvent représentés par elle dans leur inaliénable différence : il ou ils ne peuvent plus être que « pour » ou « contre », que complices ou opposants. En face d'un sexe dit « fort » et qui fait loi, il n'y a place que pour un sexe dit « faible » qui la subit ; en face d'un gouvernement dit « fort », il n'y a place que pour une opposition impuissante (dont on voit aujourd'hui qu'elle n'est même plus justifiée par le contenu d'un programme politique différent) ou pour cette radicale contestation de la force dont le nom est violence. Dans un cas comme dans l'autre est perdu cela même qui fait l'essence du lien sexuel ou politique. Dans les deux cas, la LOI est devenue inopérante : elle ne maintient plus l'écart différentiel qui désamorce constamment l'opposition en permettant l'établissement des différences. Il ne suffit pas qu'elle les concède ou qu'elle les tolère, il faut qu'elle en soit l'instrument.

En effet, dès que la loi n'est plus médiatrice entre le « non » et le « oui », l'interdit qu'elle fait nécessairement peser sur l'homme n'est plus vécu comme médiation de la présence de l'autre, mais c'est la présence de l'autre qui est immédiatement ressentie comme interdit, comme contestation de ma propre existence. D'où il s'ensuit que pour être comme l'autre, dans la recherche et l'affirmation de ma propre identité, pour devenir *présence* sur le modèle qui m'est offert, une seule voie est possible : m'identifier à l'autre interdisant et réduit à son interdiction qui ne délimite plus le champ de son désir. Je m'érige à mon tour en interdiction ; et j'écris sur les murs de ma prison, la Sorbonne ou l'O.R.T.F., qu'il est « interdit d'interdire ». Autrement dit, il est interdit par moi-même de faire ce que je fais. Dans le mouvement même qui me pousse à prendre ma place dans le réseau communiquant de la société, je me condamne à ne la trouver jamais.

Pour insuffisantes qu'elles soient, ces différentes analyses permettent d'entrevoir les rapports que devrait entretenir la LOI avec, d'une part, la condition sexuée de l'homme, non réductible à l'idée que l'homme s'en fait, à sa propre raison dont elle est bien plutôt la condition nécessaire, et, d'autre part, la société des hommes différenciés entre eux dans leur être même. La difficulté de ce double rapport ne date pas d'aujourd'hui. Le mythe de la Genèse en rend compte. L'homme y raconte comment, à la suite de la transgression d'un interdit pris en soi comme la manifestation d'une puissance qu'il convoite, il ne le comprend plus comme la trace signifiante, dans le réseau de représentations où il s'inscrit, du désir de Dieu le désirant. Il projette ainsi, à l'origine, la structure de sa longue histoire à la recherche de sa propre identité. Dans ce mythe, il dit qu'il ne peut parvenir à sa propre identité qu'en posant Dieu identique et non identique à lui-même, Dieu à l'« image duquel il est créé ». En Jésus-Christ, lui sera révélée comme fondée dans l'être même de son corps la vérité de l'Etre impossible au niveau des représentations et à laquelle il aspire. Dans le mouvement même où il se saisit dans son corps, l'homme est saisi par un autre que lui.

En ce terme de notre cheminement, et en lui seulement, se pose le problème de l'ontologie et, partant, celui de la foi... ou plus exactement de sa *possibilité*. Ici apparaît la question de la faute, du péché au sens biblique de ce terme, qui se ramène toujours, à quelque niveau que ce soit, au drame de l'idolâtrie : l'homme s'y complaît dans sa propre image au lieu de se découvrir dans celle de Dieu. Dans l'acte ordonné à sa connaissance, il sombre dans la méconnaissance. Il fait de la loi l'écran qui oblitère :

1. la relation entre l'interdit et l'existence d'un autre que lui, Dieu ou les hommes,
2. la relation entre la transgression de cet interdit et le désaveu de lui-même comme être différencié, comme être de désir.

L'interdit n'est plus ce qu'il est *dit-entre.* Du même coup, il méconnaît Dieu, sa compagne et lui-même. Et il suffit que le jeu de la loi se grippe à l'un de ces trois étages pour que sa structure tout entière en soit faussée. L'interdit qui devrait le conduire à se reconnaître et à prendre *sa place avec* (et non plus contre) sa compagne et Dieu devient l'instrument de sa perte. Pour éviter que Dieu ou son frère ne l'accuse de n'avoir pas respecté le champ du désir de l'autre, il se fait accusateur : il prend ce qu'il croit être la place de Dieu en s'identifiant à la loi que Dieu n'est précisément pas. Il n'est que désigné par elle. L'homme sombre alors dans l'imaginaire où il se croit tout, ce qui l'empêche de réaliser qu'il n'est qu'un être *parmi* les autres et que c'est à cette condition seulement qu'il est QUELQU'UN.

V

CORPS ET PAROLE

Etre un homme, c'est devenir quelqu'un parmi d'autres dans l'espace et le temps d'un corps différencié. C'est, dans la mesure où elle s'articule avec d'autres, devenir la paradoxale unité d'une différence. Etre un homme, c'est avoir un *nom propre* irréductible au nom commun des choses. De ce qu'il reçoit un nom que d'autres lui donnent, il résulte que l'homme accède à la possibilité de *nommer* les choses et les êtres. *En son nom,* et par la médiation de son corps, de ses sens, il s'élève au statut de sujet : il accède à la représentation du monde en même temps qu'au monde de la représentation. Il devient sujet quels que soient les avatars du parcours qui l'y mène. Il peut dire « je ». Avec Lacan, après Freud, la psychanalyse étudie ce parcours et les accidents qui le jalonnent. Elle découvre les lois d'une certaine « logique » qui structure le rapport du corps à la parole où elle trouve, dans la pratique comme dans la théorie, son champ d'exercice [1].

1. J. Lacan, *Ecrits,* Seuil, 1966, p. 237-322, « Fonction et champ de la parole et du langage en psychanalyse ». Citons seulement, p. 257 : « Si l'originalité de la méthode est faite des moyens dont elle se prive, c'est que les moyens qu'elle se réserve suffisent à constituer un domaine dont les limites définissent la relativité de ses opérations.

« Ses moyens sont ceux de la parole en tant qu'elle confère aux fonctions de l'individu un sens ; son domaine est celui du discours concret en tant que champ de la réalité transindividuelle du sujet ; ses opérations sont celles de l'histoire en tant qu'elle constitue l'émergence de la vérité dans le réel, etc. »

Le rapport de l'homme à la parole est double : par elle, il est appelé à l'existence unique qui est la sienne. Il est appelé par son nom à prendre place dans le monde des représentations, d'une part ; d'autre part, en parlant, il appelle à la représentation de son monde les choses et les personnes. Dès avant sa naissance, il est attendu et désigné comme l'objet d'un désir, c'est-à-dire, nous l'avons vu tout au long de ces pages, comme un sujet qui ne sera jamais réductible à la représentation que l'on pourra s'en faire et qui ne sera accessible, dans son altérité même, que par la médiation de sa parole. Pour qu'un sujet humain existe, il ne suffit pas de l'appeler, il faut qu'il appelle à son tour. Dans une sorte de *renversement qui constitue son être,* l'homme échappe à la représentation que l'on se fait de lui, bien qu'il ne parvienne au saisissement de la vie et à l'insertion dans le monde que par elle. Mais s'il échappe à toute représentation, il est aussi source nouvelle d'un langage qui représente le monde. Son irruption dans le réseau de noms et de mots où il est attendu et où il va venir se prendre en le prenant, impose au langage une rupture, une distorsion qui laisse sa marque. Les parents savent bien qu'aucun enfant n'est comme les autres, mais cette constatation — banale en soi — ne laisse pas d'émerveiller les générations. Qu'est-ce à dire si ce n'est qu'ils ne perçoivent l'originalité de l'enfant que par la modification des signes communs entre tous avant lui. La manière dont il les emploie fait dire que « c'est bien de lui qu'il s'agit ». La parole de l'enfant brise, en s'en servant, la convention des signes. Elle l'enrichit d'un sens qu'elle n'avait pas avant et qui n'est signifiant que de lui. C'est par la parole qui lui est adressée et qui le désigne en même temps que, par elle, il adresse et désigne, que le corps de l'homme se laisse prendre dans le réseau social de la langue.

La parole, rupture et relais du mouvement

L'agitation des membres de l'enfant, sa mimique, tous les mouvements de son corps ne sont pas encore un *langage.* Ils ne « représentent » pas le corps dans un système de signes conventionnels et indépendants de lui. La gesticulation du bébé n'est signifiante que pour la mère. Mais elle ne l'est que dans une relation de corps à corps dans laquelle la mère, éprouvant comme sien le mouvement de « sa chair », le traduit en l'introduisant dans le réseau des significations. La langue, ici, ne fonctionne pas comme ce qui, entre l'enfant et l'adulte, représente les besoins de l'enfant dont la satisfaction dépend de l'adulte, mais c'est bien plutôt la mère qui représente la médiation nécessaire entre un signe, un mouvement incompréhensible parce qu'il ne dit pas ce qu'il signifie, et la compréhension de ce signe. Par son intermédiaire, les gestes du bébé sont, dans un premier temps, pris et insérés dans la langue qui a cours entre les adultes. Parallèlement, en raison des modifications du milieu extérieur et de la satisfaction qu'il entraîne, le geste ou le cri du bébé va prendre pour lui aussi un sens. L'activité de ses sens prend alors le sens qu'un autre lui donne de manière permanente. Le geste de l'enfant s'accompagne d'une parole qui lui donne sens. Si les mouvements douloureux de son estomac lui font ouvrir la bouche ou le font pleurer, le sein, le biberon puis la cuiller se présentent à sa recherche informulée tandis que la mère ou son substitut la formule : « Il a faim », « Tu as faim ? » jusqu'au jour où le mot « faim » ou « soupe » viendra — détaché de l'immédiate douleur de la fringale ou de son immédiat rassasiement — les signifier tous deux et opérer à lui seul et plus efficacement, la médiation nécessaire. En parlant, c'est-à-dire en signifiant ses besoins autrement que dans le corps à corps du mouvement, l'homme établit un relais qui vient s'interposer entre son corps et le corps de l'autre. En rendant à son tour signifiante la vibration de l'air entre l'autre et lui, l'enfant se *sépare* de l'autre. Plus que la naissance peut-être, c'est la parole qui sépare l'homme de son semblable. Elle instaure dans la rupture du lien des corps la continuité respective des êtres en même temps que leur altérité. C'est pourquoi l'homme ne devient homme qu'en renaissant. A la séparation matérielle de la naissance succède la séparation par la parole qui lui donne sens. En accédant au sens des mots, l'enfant découvre qu'il n'est plus le nécessaire prolongement du corps de l'autre. Il lui faut prendre la parole que l'autre disait pour lui. Mais en saisissant la parole, il est dessaisi de l'autre éprouvé comme continuité ou contiguïté de son propre corps. Dans le même mouvement, il est dessaisi de lui-même. C'est alors que, dans l'espace commun de la langue, surgit le déferlement des questions sur les êtres et sur les choses. Dès lors, l'enfant ne « colle plus à ses parents [1] », il les questionne. Quel statut donner au monde et à lui-même s'ils n'ont pas celui de l'être parental tout-puissant parce qu'originaire ? Une question en entraîne une autre d'ailleurs : la constatation que l'être parental est lui-même double fait jaillir, à son propos, la question du même et de l'autre qui est au cœur de toutes les questions qu'il pose à propos de lui-même... et qui manifeste son angoisse : il n'est pas ce qu'il croyait être, l'autre. Il est, pour revenir à notre terminologie, autre que l'autre, Autre. Ainsi s'actualise et se symbolise, pour

1. Pour illustrer ce qui est dit ici, l'on peut citer l'histoire d'un enfant baptisé du surnom de « la colle » dans le milieu hospitalier, où de gros troubles neurologiques l'avaient obligé à vivre jusqu'à l'âge de huit ans. Considéré comme un *débile*, il se trompait régulièrement dans la désignation des êtres et des choses. Les mots ne revêtaient pas de valeur sémantique quand il les articulait entre eux. A l'occasion d'un changement de milieu, sa nourrice — s'apercevant qu'il ne *savait* pas son nom, qu'il n'y répondait pas — le lui a *appris*, et dans le même temps Thierry s'est mis à reconnaître les choses et les gens en les séparant au niveau des représentations qu'il s'en faisait, sortant progressivement de la débilité profonde où tous les examens du monde le disaient enfermé.

lui, le fait brut de sa naissance : il lui donne le sens — symbolique — d'une origine.

C'est dans ce rapport de la naissance matérielle à la renaissance dans le questionnement de la parole qu'il faut lire et étudier ce qui caractérise l'homme et que Freud a pointé, dans son œuvre, sous l'étiquette de « prématuration ». « L'idée essentielle de la psychanalyse, écrit J.-B. Pontalis, est peut-être celle de la prématuration qu'elle tire de son contexte biologique pour la rattacher à la dialectique humaine [1]. »

Pour saisir ce dont il s'agit ici, et pour le faire mieux que par le moyen de l'écriture qui, même quand elle est géniale, ne rend pas compte en même temps des différents facteurs qu'elle implique, il faut voir le film d'Arthur Penn intitulé *Miracle en Alabama* (The miracle worker [2]). L'auteur a mis en scène l'extraordinaire destin d'Helen Keller devenue aveugle, sourde et muette dans les premiers mois de sa vie à la suite d'une affection cérébrale. Il montre par quels processus, alors qu'intervient la parole séparatrice d'Annie Sullivan, son éducatrice, Helen parvient à sortir de la prison d'un corps dont les portes sensorielles sont en grande partie closes. On la voit renaître au monde qu'elle finira par nommer par la médiation d'un système de symboles qui met en jeu la seule activité sensorielle qui puisse être chez elle le support d'une symbolisation, celle du tact. Par l'intermédiaire de la peau et de la main, elle finira par se laisser prendre à un réseau de signifiants dans les mailles duquel elle sera représentée et dont l'utilisation à son tour lui permettra de se représenter le monde. Tout d'abord, elle vit le monde dans le prolongement de son corps, dans la continuité de ses sens infirmes : elle porte, comme l'enfant dans les premiers mois de sa vie, les êtres et les choses à ses narines, à sa bouche, à ses yeux, et elle manifeste

1. J.-B. Pontalis, *Après Freud*, Gallimard, 1968, p. 191.
2. Le dernier chapitre du livre de J.-B. Pontalis, précédemment cité, est consacré à l'analyse de ce film. Il relate un « entretien avec Françoise Dolto ».

ses besoins dans la gesticulation d'un corps incapable de détacher de lui la représentation qui permettrait d'y accéder... jusqu'au jour où, sous l'effet de la loi de la représentation imposée par un autre, elle peut questionner les êtres sur les choses et découvrir le *sens* qui la délivre du corps de sa mère et de son propre corps. Elle se sépare du monde qu'elle nomme « l'eau », « la terre », « l'arbre ». Mais c'est parce qu'elle le nomme qu'elle s'en sépare et qu'elle peut retrouver en tant que sujet le monde des objets et des êtres qu'elle n'est pas. Elle pourra à son tour, et contrairement au chien auquel jadis elle était identifiée, être reconnue, dans son inaliénable différence, par « la trace lumineuse qu'on laisse avec des mots ». Grâce au langage mis à sa portée dans l'élaboration d'un langage tactile, grâce à la parole d'Annie qui traduit d'abord pour elle le monde en le lui représentant, la loi de la représentation viendra s'interposer entre les deux êtres. Annie était d'abord porteuse de la loi et médiatrice entre le corps inerte ou agressif incapable de se représenter, non plus que le monde. Elle devient, à la fin, celle que la loi de la représentation permet de découvrir dans son altérité. Après avoir préservé l'espace vide nécessaire au jaillissement de la parole, en séparant, par sa propre parole, Helen de son environnement, la loi du langage devient médiatrice entre les êtres. Elle ne les a séparés que pour rendre possible leur union. Et c'est alors, et alors seulement, qu'Annie peut *aimer* Helen. La symbolisation par la parole libère l'homme du magma crépusculaire et informe de son vécu : la limite qu'elle lui impose lui donne accès au monde sans limite des êtres et des choses. « La liberté de comportement (— celle du corps —) n'est en effet réalisable, écrit A. Leroi-Gourhan [1], qu'au niveau des symboles, non au niveau des actes, la représentation symbolique des actes est indissociable de leur confrontation. (...) Cela revient à faire du langage l'instrument de la libération par rapport au

1. A. Leroi-Gourhan, *Le Geste et la Parole,* Albin Michel, 1965, t. II, p. 20-21.

vécu. » La loi codifie dans un système de signes le jeu de la confrontation des corps et par la limite qu'elle instaure donne la possibilité à l'homme de s'affranchir de cette contrainte. Il n'y a pas d'autre marque de l'esprit. Avec lui, le potentiel génétique de l'homme devient efficace : il recrée le monde dans lequel il surgit. C'est dans ce que A. Leroi-Gourhan appelle la « tradition » ou « la transmission des messages » qu'il faut chercher dans son œuvre le rôle structurant que nous avons attribué à la loi [1]. En termes qui sont les nôtres, nous dirions que la parole ne peut surgir que sur fond de loi, « précipité [2] » et témoin d'une parole pré-existante à l'individu, support de la « tradition » par laquelle l'homme se livre comme n'étant pas réductible au pur jeu des forces organiques qui le façonnent.

Ainsi la parole est le relais du corps au niveau des représentations dans lesquelles elle l'inscrit. Son surgissement lie et sépare tout à la fois le langage et l'action. Elle est le lieu d'un rapport qui spécifie l'homme en général et qui donne à chacun en particulier sa note propre. Nous pourrions dire que, si la Loi sépare les hommes entre eux en leur conférant une différence particulière à partir de laquelle ils peuvent vivre en société sans se confondre, la parole, quant à elle, libère la représentation du représenté : elle sépare le langage de l'action, elle est l'acte du renoncement à être présent, dans la matérialité du corps, à la représentation qui s'en donne. Dans sa matérialité, non dans la réalité de son ordre humain. Au prix de cette césure, de cette faille

1. A. Leroi-Gourhan, *op. cit.*, p. 24 : « A sa naissance, l'individu se trouve en présence d'un corps de traditions propre à son ethnie, et sur des plans variés un dialogue s'engage depuis l'enfance entre lui et l'organisme social. La tradition est biologiquement aussi indispensable à l'espèce humaine que le conditionnement génétique l'est aux sociétés d'insectes : la survie ethnique tient sur la routine, le dialogue qui s'établit suscite l'équilibre entre routine et progrès, la routine symbolisant le capital nécessaire à la survie du groupe, le progrès l'intervention des innovations individuelles pour une survie améliorée. »

2. Nous empruntons ce terme au domaine de la chimie.

constamment réouverte par le surgissement de la parole, l'homme peut lier l'imaginaire de son souvenir à la trame la plus inaccessible de sa chair et de son sang ; il peut garder dans son cœur la présence de l'autre absent de son corps, séparé de lui. Il peut connaître sans détruire ou dévorer. Par la parole qui symbolise et sépare, l'homme échappe à l'alternative de n'être qu'une bouche qui consomme ou qu'un rêve sans prise sur le réel, c'est-à-dire, suivant une expression courante, « une parole en l'air ». Il est une bouche-qui-parle, la possibilité de détruire le réel, ce qui avoue sa parenté avec lui, et en même temps la possibilité de l'imaginer autrement et donc de le transformer, ce qui affirme l'impossibilité de s'y réduire. En cela, il est radicalement différent de l'idole « qui ne parle pas » comme dit le prophète en s'en moquant [1]. Il est bien plutôt à l'image de Dieu qui « crée en parlant ». On le voit, il ne peut être question de la caricature de la parole qu'est le bavardage, il s'agit ici de la « vraie » parole qui engage l'homme dans son corps. Par le relais qu'elle assure, la parole libère pour un temps les énergies d'un corps, désoccupé qu'il est d'avoir à se situer dans le monde des représentations. Après avoir parlé, il agit pour ajuster le monde à la parole qu'il a proférée, représentante de son corps. La possibilité de son action, établissant un nouveau rapport entre le monde tel qu'il l'imagine et son corps tel qu'il est, provoque un effet de feed-back vis-à-vis de sa parole : elle confirme la force de sa parole si elle est fidèle aux limites de son corps, elle dénonce sa vanité quand il a *trop* parlé... Et sa propre parole cesse d'être une idole quand, à son tour, elle l'interroge, elle lui parle.

1. Isaïe 40, 20 - 42, 8 - 44, 9-20 : « Ce que j'ai eu en main, n'est-ce pas un leurre ? » et Psaume 115, 5-6 : « Elles ont une bouche et ne parlent pas, elles ont des yeux et ne voient pas, elles ont des oreilles et n'entendent pas, elles ont un nez et ne sentent pas. »

Par le lien qu'elle instaure entre le corps et le langage, la parole soude en un point l'ordre des choses à celui de leur représentation, en même temps qu'elle les disjoint, permettant à chacun d'évoluer pour son propre compte. En une formule un peu lapidaire, l'on peut dire que la continuité symbolique du langage dans le temps autorise la discontinuité réelle du mouvement dans l'espace. La parole, elle, est de l'ordre du « maintenant », du *hic et nunc,* de la « déhiscence du présent », du point insaisissable dans le temps et dans l'espace qui noue ensemble la continuité du premier à la discontinuité du second, ou vice versa. Elle est à la fois rupture et origine, établissement d'un rapport de soi à soi dans un « temps qui se saisit », manifestation d'un sujet [1] articulant l'espace et le temps. Si bien qu'à partir du moment de la parole, et grâce à cette double référence, se trouvent constitués un « avant » et un « après » dans le temps, et un ceci et un cela dans l'espace. La parole introduit ainsi dans la continuité du temps la discontinuité des choses et des êtres, en même temps qu'elle sépare les choses et les êtres en les référant à une succession symbolique dans le temps.

La parole est, en tant qu'acte originaire, l'écart différentiel entre l'espace et le temps, la différence qui les articule. En tant que résultat de l'acte, et déjà discours,

1. M. Merleau-Ponty, *La Phénoménologie de la perception,* Gallimard, 1945, p. 487 : « Cette ek-stase, cette projection d'une puissance indivise dans un terme qui lui est présent, c'est la *subjectivité.* Le flux originaire, dit Husserl, n'est pas seulement : il doit nécessairement se donner une « manifestation de soi-même », sans que nous ayons besoin de placer derrière lui un autre flux pour en prendre conscience. Il « se constitue comme phénomène en lui-même », il est essentiel au temps de n'être pas seulement temps effectif ou qui s'écoule, mais encore temps qui se sait, car l'explosion ou la déhiscence du présent vers un avenir est l'archétype du *rapport de soi à soi* et dessine une intériorité ou une ipséité (Heidegger). »

elle réduit cette différence, elle est suture ou verrou. « La spatialisation ne surprend pas le temps de la parole ou l'idéalité du sens, elle ne leur survient pas comme un accident. La temporalisation suppose la possibilité symbolique ; et toute synthèse symbolique, avant même d'échoir dans un espace à elle « extérieur », comporte en soi l'espacement comme différence. C'est pourquoi la chaîne phonique pure, dans la mesure où elle implique des différences, n'est pas elle-même une continuité ou une fluidité pures du temps. La différence est l'articulation de l'espace et du temps. La chaîne phonique ou la chaîne d'écriture phonétique sont toujours déjà distendues par ce minimum d'espacement essentiel sur lequel pourront s'amorcer le travail du rêve et toute régression formelle en général [1]. »

Citons, à titre d'exemple, une expérience quotidienne dans la relation de l'enfant à l'adulte que l'on peut consi-

1. Jacques Derrida, *L'Ecriture et la Différence*, Seuil, 1967, p. 324. Que toute parole porte en soi un « espacement » radical, une blessure originaire, qu'elle soit toujours déjà inscrite dans une écriture primordiale et ne puisse donc jamais se proférer que dans un espace d'absence à soi, de différence et finalement de mort, c'est là sans doute une thèse centrale de cet auteur, et c'est à son œuvre entière, notamment à « De la grammatologie », qu'il nous faut renvoyer pour une explication plus précise. On comprendra facilement qu'une simple note ne nous permette pas de nous confronter réellement avec cette ligne importante de recherche. Contentons-nous d'indiquer ici que la problématique générale qu'elle tente d'ouvrir (et dont nous n'avions qu'une connaissance très fragmentaire au moment de la rédaction de notre texte) ne saurait nous laisser indifférent. Déconstruction du logocentrisme occidental, mise en évidence de l'impossibilité pour l'homme d'une présence à soi et d'une parole pleines, insistance sur la violence originaire de la trace au cœur même de la parole vive et de toute signification, tous ces thèmes nous paraissent consonner avec ce que nous essayons nous-mêmes de formuler à partir d'une expérience et d'un langage autres. Les pages qui suivent manifesteront cependant l'orientation différente de notre réflexion et notamment que, loin d'inclure l'expérience judéo-chrétienne (culminant en celle du verbe incarné) dans ce juste procès du logocentrisme, nous voyons en elle, pour notre part, le mouvement qui, pris au sérieux, permet d'échapper avec le moins d'équivoque au narcissisme d'une parole fermée ; mais c'est alors un autre sens qui se donne à déchiffrer à travers cette expérience de décentrement et de mort.

dérer comme la relation de l'espace où se meut le corps, au langage qui le symbolise dans le temps. Lorsqu'un enfant découvre un mouvement qui modifie autour de lui l'ordre des choses, lorsque, par exemple, en appuyant sur un commutateur, il déclenche la rotation d'un ventilateur, il va répéter la manœuvre avec la nuance de jubilation que procure toute invention et se tourner vers l'adulte qui en est le témoin. Il arrive souvent que son manège aille jusqu'à l'agacement de l'adulte en question qui, pour une raison quelconque, commence par interdire le geste créateur : « Ne fais pas ça. » Il s'ensuit, en général, un redoublement impulsif de la manœuvre... Si, au contraire, le plus grand s'intéresse à la découverte du plus petit et la « parle », il s'ensuit souvent une suspension du geste due à l'écoute attentive de l'explication qui lui en est fournie. Le geste, suspendu dans l'espace, s'inscrit, se continue dans la symbolisation qu'on lui en donne. Cette symbolisation assure qu'il est possible de reproduire dans la discontinuité symbolique du langage et du temps la continuité d'un mouvement dans l'espace. L'enfant *répète* alors à sa manière, c'est-à-dire qu'il inscrit dans son langage la description du phénomène, avant de le reproduire à son tour une ou plusieurs fois. Par la symbolisation qu'il s'en donne, il se libère de l'impulsion du pur mouvement qui l'enchaîne à la chose. Il accède au sentiment de la succession qui lie à la continuité symbolique du temps la discontinuité des mouvements et des choses. Si la parole n'était pas ordonnée à cette suture de la continuité et de la discontinuité qui ouvre à l'ordre symbolique, à la *mémoire* qui fixe dans l'imaginaire ce qui n'existe déjà plus dans le réel, au réservoir de la *langue,* l'homme ne pourrait que répéter indéfiniment le même geste ou un nombre très limité de mouvements[1].

1. André Leroi-Gourhan, *Le Geste et la Parole,* t. II, p. 23 : « La mise hors de l'espèce zoologique de la mémoire ethnique a pour conséquences très importantes la liberté pour l'individu de sortir du cadre ethnique établi et la possibilité pour la mémoire ethni-

« Le langage, écrit M. Foucault, donne à la perpétuelle rupture du temps la continuité de l'espace[1]. » Il faudrait ajouter que ceci n'est possible que parce qu'il traduit la limite des choses et des êtres, leur séparation, dans la continuité du temps. Ce mouvement double et contradictoire n'est possible que dans l'ordre symbolique de la parole qui sépare et découpe dans la représentation qu'elle en donne ce que l'homme éprouve dans le prolongement de son corps : par la scansion du temps qu'elle introduit, elle impose aux choses leurs limites dans l'espace, mais la rupture ou la suspension du temps implique nécessairement une continuité de ce temps qui ne peut se saisir qu'en référence à la continuité dans l'espace des choses et des êtres. En d'autres termes, elle est le glaive qui sépare le représenté de la représentation et, par là, donne aux êtres et aux choses qui se représentent, leur consistance réelle, irréductible à la représentation imaginaire que l'homme s'en donne. Elle apparaît, dès

que elle-même de progresser. Lorsqu'on compare les sociétés humaines aux sociétés d'insectes, on oublie parfois que chez ces derniers l'inscription génétique des comportements est impérativement dominante, ce qui contraint l'individu à posséder tout le capital des connaissances collectives et contraint la société à n'évoluer qu'au rythme de la dérive paléontologique. Aucun terme de comparaison réellement fondé n'est concevable entre les deux types de sociétés, puisque l'homme est libre de créer lui-même ses situations, fussent-elles uniquement symboliques. *La rupture du lien entre l'espèce et la mémoire apparaît comme la seule solution* (et une solution seulement humaine) qui conduise à une évolution rapide et continue. De ce fait, les sociétés humaines ne courront jamais le risque de s'enfermer dans un comportement comparable à celui des insectes. »

Et plus loin (p. 29), l'auteur continue : « On ne peut en effet imaginer ni un comportement opératoire qui exigerait une constante lucidité, ni un comportement totalement conditionné qui ne la ferait jamais intervenir ; l'un parce qu'il aboutirait à réinventer le moindre geste, l'autre parce qu'il correspondrait à un cerveau complètement préconditionné, et par conséquent inhumain. »

Et plus loin encore, A. Leroi-Gourhan définit la faculté de symbolisation « propre à l'homme » comme cette propriété du cerveau humain qui est de *conserver une distance entre le vécu et l'organisme qui lui sert de support* (p. 33). (C'est nous qui soulignons.)

1. M. Foucault, *Les Mots et les Choses*, Gallimard, 1966.

lors, comme ce qui sépare le réel de l'imaginaire qui ne lui sont pas pré-existants, mais qu'elle crée. Elle confère l'existence à ce qui, avant elle, n'existait pas, la chose, et ce qui n'est pas la chose, le corps et le langage, l'espace et le temps. Sans elle, il n'y a pas de ceci ou de cela pas plus qu'il n'y a d'avant et d'après.

Les notions mêmes d'avant et d'après, d'objet, s'évanouissent quand elle disparaît. C'est pourquoi c'est en elle que l'homme qui vit dans l'espace et dans le temps trouve sa spécificité, sa réalité. C'est en elle qu'il découvre l'image de sa source, de son origine et de sa fin. C'est en elle qu'il se renouvelle. En elle s'éteint l'ancien et surgit le nouveau. Mais à l'articulation des deux, elle n'est ni l'un ni l'autre. Elle témoigne du passé dont elle est la fin en le niant en même temps qu'elle ouvre sur un avenir qu'elle n'est pas encore. Elle est tout à la fois l'origine et la fin du temps, l'irruption, dans la vie de l'homme, de sa mort (la fin d'un temps) et de sa naissance (l'origine d'un temps). En ce sens, elle est bien le lieu de la question de l'homme: qui suis-je, moi qui, né à la vie, meurs ?

S'il en est ainsi, il n'est pas étonnant que l'homme se cherche dans la parole même. Elle seule court le risque de maintenir ensemble les différences qu'elle crée en les séparant: le réel et l'imaginaire, la matière de son corps et l'immatérialité de son langage. En elle, il reconnaît sa propre essence: le désir qui tient ensemble les différences. Par elle, il se situe à la jointure de ce désir: la psychanalyse démontre que la parole opère à l'articulation du conscient et de l'inconscient qu'elle fonde. Par elle, l'homme se situe aussi à la jointure ontologique du désir de l'homme: ontologique car il y reconnaît et interroge son être en tant qu'il s'articule à d'autres êtres. La foi et l'amour ne font jamais que formuler cette interrogation en affirmant que l'ETRE *est* la structure même du désir de l'homme. Il est la Parole qui crée en séparant. Il est la Séparation qui lie les différences entre elles, non pas dans la confusion d'un prolongement ou d'une émanation, mais dans l'union.

La problématique du désir et la foi

Ecrire les lignes qui précèdent est lourd de conséquences. Cela suppose en effet le courage d'ouvrir deux dossiers dont nous formulerons le projet en deux questions : celle de savoir si tout le contenu de la Révélation chrétienne ne se réduit pas purement et simplement à la projection sans consistance de l'opération du désir en l'homme ; et celle de savoir si, à partir de la Révélation de l'Etre (Dieu), et non plus à partir de l'opération de la parole humaine, peut se dégager — dans un parcours strictement à rebours du nôtre —, une problématique du désir comme étant l'être de Dieu à l'image duquel nous serions créés.

Nous avons conscience de poser ici la question difficile du rapport entre théologie et anthropologie, mais à réfléchir comme nous l'avons fait, nous ne pouvions pas ne pas y parvenir. Que nous la posions au terme de notre analyse dit assez que, même si tout au long de notre discours nous avons fait appel aux Ecritures et à certains textes de mystiques, c'est en tant qu'ils étaient et qu'ils sont l'expression du désir de l'homme, la manifestation de son opération dans la parole, non en tant que, dans une perspective de foi, ces écrits manifesteraient au monde le désir de Dieu — préoccupation qui concerne la théologie. Nous nous y sommes référés comme à des textes intégralement humains. dits ou écrits par des hommes, car nous pensons que nous ne pouvons pas parler — scientifiquement — de l'homme en biffant systématiquement et par peur de je ne sais quelle compromission, le discours religieux de l'humanité. Pas plus que son discours politique ou économique, il ne peut être exclu d'une recherche de ce genre. Bien mieux, nous pensons qu'il constitue, en tant que projection, l'expression la plus poussée du désir de l'homme qui nous occupe. Au plan de l'opération de ce désir, il faudrait dire que l'homme a conçu Dieu à son image, ce qu'il a exprimé dans l'affirmation inverse d'une conception de l'homme à *l'image de Dieu*[1]. Il y a, dans ce renversement, toute la question de l'ontologie, celle de sa genèse. Autrement dit, suffit-il pour dénier toute valeur au discours ontologique (ou théologique) de démontrer que le discours que l'homme tient sur le monde et sur Dieu est la projection de son propre désir ? Bien des *militants* de l'athéisme le croient et bien des théologiens en ont peur... comme si la vérité se laissait prendre aux rets du discours des premiers et échappait à la perfection technique du dogme des seconds. Qu'ils se rassurent ensemble : elle échappe aux uns comme aux autres. Nous avons souvent marqué au cours de ces pages ce mouvement d'échappée de la vérité qui renvoie l'homme de la représentation de lui-même qu'il élabore — l'autre — à son être irreprésentable, l'Autre. Ceci dit, rien ne peut interdire de découvrir dans la parole de l'homme la projection de l'histoire et de la structure de son désir. Ce n'est même qu'à cela que l'homme peut travailler, laissant choir comme n'étant pas de lui tout langage qui ne traduirait pas l'expérience de son désir toujours à redire. Mais rien non plus ne peut le détourner de la laborieuse investigation d'une écriture ou d'une parole qui serait le support du développement de son désir jusqu'au bout, c'est-à-dire jusqu'au dessaisissement de sa propre parole dans l'acte même de la saisir. Un tel texte où se projette le désir de l'Autre spécifique de l'homme dans son rapport

1. Genèse 1, 26 : « Dieu dit : « Faisons l'homme à notre image, comme notre ressemblance, et qu'il domine sur les poissons de la mer, les oiseaux du ciel, les bestiaux, toutes les bêtes sauvages et toutes les bestioles qui rampent sur la terre. » Dieu créa l'homme à son image, à l'image de Dieu, il le créa, homme et femme il les créa. » (Trad. *Bible de Jérusalem*, Ed. du Cerf, Paris.)

à l'autre serait le seul à pouvoir supporter la Révélation éventuelle d'un être de désir, Dieu. A travers la parole qu'il projette comme son autre, sa représentation, l'homme désire autre chose qu'elle, la présence de la Parole. Faire la preuve de cette Parole Présente ne lui appartient en aucune façon. Elle ne peut que se révéler alors même que l'homme croit la saisir.

La Révélation de la Parole de Dieu dans la parole de l'homme confirme ce dernier dans sa structure la plus profonde : il ne se vit comme possible qu'en visant l'impossible, il ne se comprend qu'à travers un savoir ordonné à la révélation d'une vérité, la sienne, que ce savoir n'est pas. Le savoir humain n'ouvre à la vérité de l'homme que dans la mesure exacte où celle-ci lui échappe, où il ne peut mettre la main dessus. Il est impuissant à retenir la vérité que pourtant il cherche à emprisonner dans la chose. Nous retrouvons à ce terme le mouvement qui nous a mis en chemin dans l'analyse de la prière ou du travail. Il n'est donné à l'homme que ce à quoi, étant homme, il est contraint de renoncer. Mieux que de savants discours, certains fragments de la fin des évangiles, particulièrement ceux de Luc et de Jean, éclairent avec une sobriété sans égal, le mouvement du désir de l'homme lu comme la marque, la trace de la Vérité absente des représentations du savoir. La limite et le manque, la mort, deviennent, dans la foi, le signe de la Présence comme ils sont, dans l'opération humaine, le ressort du désir.

A la recherche de cette Présence qui *sauve* le désir de l'homme parce qu'elle le confirme dans l'être, les pèlerins d'Emmaüs (Lc 24, 13-35) font l'expérience, dans le chemin qu'ils parcourent de Jérusalem à Emmaüs, mais aussi dans le souvenir de ce qui s'était passé depuis le début de leur aventure, de la vanité d'un espoir qui trouverait sa satisfaction dans la chose, le corps de Jésus. En disparaissant, celui-ci ne peut qu'entraîner dans la mort du désespoir ceux qui ne croient qu'en lui. C'est alors que leur compagnon de route reprend lui aussi ce qui s'est passé dès le début, en commençant par la parole des prophètes. Le corps n'est signifiant que pris dans le réseau d'une histoire, d'un langage préexistant. Jésus (le corps) n'est le Christ (signifiant) que s'il s'articule au discours de Dieu, qui est adéquatement le silence de son Etre (sans cela la notion même de Dieu disparaîtrait), s'il en est la Parole. Et cette Parole crée en séparant le fils du père, le corps du discours, et la lettre de l'esprit. C'est d'ailleurs à la *fraction* du pain liée par Jésus à la mort qui sépare les êtres entre eux et, dans l'homme, le corps de l'esprit, que la Présence cherchée se laisse reconnaître. Dès lors la chose, le corps, disparaît : il n'est que la médiation d'une parole ancrée en lui. « Leurs yeux s'ouvrirent et ils le reconnurent... mais il avait disparu de devant eux » (Lc 24, 31). Cette parole n'est transmise que lorsqu'elle allume, au cœur de l'homme qui l'écoute, le feu du désir dans la rencontre. Le témoignage de son authenticité n'est en définitive que la trace ardente, la cicatrice, qu'elle laisse dans le cœur et dans le corps de l'homme. « Notre cœur n'était-il pas tout brûlant au-dedans de nous, quand il nous parlait en chemin... » (24, 32). Le corps du Christ ressuscité, c'est bien le corps de Jésus en tant qu'il ne fait plus obstacle, pour les hommes qui l'ont vu et qui l'ont touché, à la révélation du désir de Dieu, de l'Amour. Ainsi se trouve constamment désamorcée la tendance de l'homme à régresser vers l'idolâtrie qui croit détenir la puissance de l'esprit en confisquant celle du corps, en les confondant... ce qui est le contraire de l'adoration de Dieu qui reconnaît en l'homme cette parole de Dieu qui crée en séparant.

La dépossession de l'homme par la parole, projetée dans le Christ conçu comme Parole de Dieu, on peut encore la lire dans l'adresse de Jésus ressuscité à Marie de Magdala : « Noli me tangere... ne me retiens pas, ne me touche pas » (Jn 20, 17).

Ainsi donc, dans la perspective anthropologique qui n'a pas cessé d'être la nôtre, il n'est pas interdit de penser que l'image du Christ articulant l'Ancien et le Nouveau Testaments représente, dans l'histoire de l'Humanité, la projection encore inégalée du désir, c'est-à-dire de l'essence même de l'homme.

Ce faisant, nous analysons la figure du Christ comme la représentation privilégiée dans laquelle l'homme exprime à propos du même être la relation double à l'autre et à l'Autre. L'homme reconnaît dans l'étude du texte biblique et dans l'histoire qu'elle relate l'opération de son désir. Il s'y reconnaît.

Bien que partant du *sens* — c'est-à-dire de l'affirmation de l'existence de Dieu — la démarche de la foi n'interdit nullement l'investigation et la reconnaissance du désir. Au contraire, elle suppose ce chemin parcouru. Elle pose dans l'être la Vérité que l'homme cherche à *savoir*. En tant qu'objet du savoir, la Vérité le fonde comme radicalement différent d'elle. Elle est constituante de son développement indéfini dans la mesure où elle s'en sépare infiniment. Tout savoir trouve son origine et sa fin dans l'aveu de cette différence : il ne fait que se *représenter* la vérité des êtres et des choses qu'il nomme et qu'il dénombre. Il n'a aucun pouvoir sur leur *présence* ou, en d'autres termes, sur leur origine. S'il possédait une telle puissance, en effet, il concevrait sa propre origine en même temps que l'origine du monde dont il fait partie. Il réaliserait comme possible l'impossible qui le constitue en désir, ce qui ne peut se faire sans qu'il disparaisse en tant qu'homme. Pour que l'homme soit homme, il faut que la Vérité qui est sienne se donne à lui dans l'acte même qui l'en sépare. L'homme ne prend sa consistance qu'en séparant le monde de lui-même sur la scène de la représentation : ce n'est qu'à cette condition qu'il fait l'épreuve du monde et de son être, de sa présence dans le monde. Mais s'il n'y a de représentation que dans la présence d'un être originel qui se donne, l'opération séparante du désir, le savoir du monde ne peuvent se concevoir que dans le séjour auprès d'un être de représentation qui serait aussi la Présence même, l'origine et la fin de toute représentation, source qui n'est épuisée par aucune puisque, dans l'acte même qui suscite la représentation, elle s'en sépare radicalement. Croire à la possibilité dans l'ordre des représentations sensibles d'une telle présence, c'est croire à l'impossible, c'est croire au Sens qui *ne peut* que se révéler dans et par l'opération du possible qui cherche à le manifester sans y parvenir jamais. Croire cela, c'est avoir la *foi*, c'est-à-dire affirmer comme source et fin de l'opération du désir de l'homme un sens qui seulement se donne dans cette opération. C'est pourquoi le chrétien croit en Jésus-Christ : il croit en l'homme Jésus comme en son frère qu'il voit dans le monde comme lieu d'une révélation de l'Etre, de Dieu, qui, quoi qu'il fasse, échappe à ses sens et leur permet de s'exercer. Il croit que l'incroyable manifestation du Sens dans le champ de ses sens — l'épiphanie de l'Etre — ne peut se faire que dans un HOMME-DIEU qui se conçoit lui-même comme la Parole qui crée en séparant son corps et sa parole. Dans le même mouvement, Jésus-Christ livre son corps en révélant la Parole qui le crée. Son irruption et sa disparition dans le monde, sa naissance et sa mort deviennent signifiantes de la Parole qui l'engendre en même temps que de la parole qui le représente. En son lieu, la foi croit en l'accomplissement du champ des représentations comme dans leur origine et leur fin. Le VERBE est, pour elle, l'accomplissement de la promesse du Sens, c'est pourquoi elle y reconnaît l'origine de l'opération du désir de l'homme. Dans l'articulation du corps et de la parole de n'importe quel homme dans le monde, elle croit, elle espère, elle aime la manifestation du Sens qu'elle vise comme origine de l'être de l'homme, VERBE INCARNÉ. Elle la conçoit ainsi comme inconcevable, originelle, traversant de part en part la surface du monde et le corps de l'homme. Comme le verbe sépare les mots entre eux en donnant sens à la phrase, ainsi le Christ, Verbe de Dieu, sépare l'homme du monde et de Dieu et témoigne de son sens ontologique. L'homme *est l'être qu'il désire être* — il en a l'espoir en Jésus-Christ — mais il ne *sait* pas qu'il l'est, il ne peut que le *croire*. L'homme ne sait jamais la Vérité : elle ne lui apparaît que comme objet de foi, séparée de la démarche de son savoir que pourtant elle fonde.

La foi croit au sens ou à l'*être qui se révèle* dans l'opération du discours. C'est pourquoi le croyant parle et agit dans le monde : il ne possède pas le sens qu'il aurait pouvoir de donner ou même de transmettre, il croit seulement qu'en parlant et en agissant, le sens *se* transmet, mais plus que tout autre il sait qu'il en est dépossédé et, dans cette dépossession qu'il confesse, il l'avoue. « J'ai cru, écrit saint Paul, c'est pourquoi j'ai parlé. » Le sens de la vie ne devient Sens, Dieu qui se donne, que dans la mesure exacte où l'homme se trouve libéré, séparé, dans l'opération de son discours. Celle-ci ouvre à ce qui n'est pas elle, elle *opère* le Sens non parce qu'elle le contient, mais bien parce qu'elle en est *vide*. Dans l'opération de la représentation du monde, l'homme confesse la Présence comme Absente de la scène où elle se représente. Il renvoie ainsi à l'acte créateur de son opération séparante par laquelle il se représente le monde et lui-même. Si c'est en séparant le monde-objet de lui-sujet que la représentation le crée dans le monde, l'acte créateur de cette représentation ne peut être que la Séparation même en tant qu'elle est l'Etre originel. Le thème de la Séparation comme identique à celui de la Création même, comme Parole créatrice, nous l'avons découvert dans l'ouvrage de P. Beauchamp sur le premier chapitre de la Genèse [1]. « Créer par la parole, écrit l'auteur, c'est introduire entre les choses une distance plus radicale que par l'épée. (...) L'acte créateur ne peut pas nous être présent si nous nous maintenons à cette surface (celle de l'opération de la représentation) que fend la parole de Dieu. » Autrement dit, l'acte du Sens, la création, est présent dans la parole de l'homme comme une Parole dans la parole, comme la coupure même qui

1. Paul Beauchamp, extrait de *Création et Séparation, étude exégétique de Gn 1*, B.S.R., Desclée de Brouwer, 1969.

libère l'opération du discours et du savoir de l'homme en le séparant de l'Etre de Dieu qui ne peut se donner à lui que sous la forme de son inconcevable origine puisqu'elle n'en est jamais que le rythme et la césure, le manque, ce qui échappe à la conception même de l'homme : par là le discours fini de ce dernier se trouve indéfiniment réouvert et renouvelé. Le Sens, s'il en est ainsi, ne se laisse saisir que s'il se donne dans la béance même du discours humain, *au lieu* du réel. Et il ne se « dit » que là, à la limite insaisissable et originelle du discours, dans la rupture qui le rend possible, grâce à l'*inter-dit* qui sépare le dire de son auteur, la représentation de l'homme, l'homme de Dieu. Dans l'espace vide de l'*entre-dit* qu'elle impose au pouvoir de l'homme comme à la mer et au chaos qu'elle refoule [1], la Parole Créatrice de Dieu libère la créature du Créateur, lui offrant la liberté de créer à son tour et de se libérer d'elle-même dans la reconnaissance de son Dieu.

Au cœur de l'acte de création, l'établissement du statut de l'Autre radicalement séparé de Soi témoigne du mouvement de renoncement dont nous avons tenté de montrer qu'il est l'acte même du Désir, sa Vérité. Dans ce

1. Paul Beauchamp, *op. cit.:* « La remontée vers les origines (du texte) n'avait pas à chercher un autre texte coextensif et seulement recouvert par des excroissances : elle devait chercher des adhérences profondes de ce noyau de la composition qui regroupait parole, lumière et ciel, séparation, et elle a trouvé les origines de ce complexe notionnel dans les théophanies (ce que nous appellerions l'épiphanie du sens). Cette plongée dans le sous-sol du texte modifie notre saisie du thème étudié. Elle révèle, après la surface, le relief et l'épaisseur. Le sens avait pu d'abord nous apparaître dans la transparence d'un système intérieur à lui-même. Ce système plan se présente à nous maintenant comme une section d'une longue galerie, long volume qui d'ailleurs ne nous est connu que par d'autres sections. La persistance et les variantes du thème « séparer » ne sont rien d'autre que la marque d'une énergie, du coefficient de force qui affecte une donnée. La conscience de son maintien fait désormais pour nous partie de sa signification. Une donnée étrange peut-être — l'acte de créer en séparant — est rendue incontestable par le nombre, par la continuité, par la distance de ses témoins. Elle leur doit sa vigueur d'affirmation. »

rapport à l'Autre surgit l'effet de Sens, ce qui ne peut se faire qu'en renvoyant à l'opération du discours de l'auteur biblique : il indique et ne peut qu'*indiquer* la rupture originelle où sa propre parole prend sens. Sa parole est, dans son discours, signifiante de la Parole créatrice : elle en est le lieu. L'opératoire disruptive de la parole humaine et, à la limite, sa parenté avec la mort est le *signe* d'une création originelle dans une Parole impossible à dire, Vivante. Pour accomplir son être historique, l'homme ne peut que vivre et mourir, et sa parole mortifère, en ce *temps du désir,* porte en elle la cicatrice et la blessure de la Parole qui donne la vie.

Nous voilà renvoyés nécessairement de l'opération du discours humain à celle de son désir dans l'énigme d'un corps. La parole seule assure cette médiation. Dans la rupture qu'elle instaure comme source et fin du discours, elle pose à l'homme la question de son origine, la question du lien qui *toujours déjà* rompu lui confère l'existence. Cette parole-qui-sépare permet à l'homme de se délivrer constamment soit de la prison de son corps, soit des chaînes de son discours.

Qu'il soit en prière ou en repos, l'homme, dans la mesure où il cesse de conformer son corps aux représentations qu'il s'en fait, laisse surgir un vide ou un manque, avoue la faille d'un discours qui ne peut dire son origine mais seulement l'indiquer en cette faille même. La prière, disions-nous au début de ces pages, est le lieu d'ancrage de la Parole dans le corps.

Mais l'être de l'homme ne saurait se réduire au seul dessaisissement de la prière : par le travail qui construit le monde à son image, il entre dans un mouvement d'élaboration discursive, il parle et agit, il cherche à saisir l'impossible objet de son désir. Ce dernier ne tend, en effet, à son accomplissement paradoxal qu'en s'inscrivant dans le *possible* d'une histoire. Le travail et la mise en œuvre du corps apparaissent dès lors comme le lieu d'ancrage de la Parole dans le discours du monde.

Cette bipolarité de la parole — son double ancrage

dans le corps défaillant où elle s'origine et dans le discours où elle s'épuise — fait d'elle la manifestation de l'homme, le lieu de sa *genèse*. L'homme est et n'est pas l'Etre de désir qu'il désire être : il en est l'Image.

TABLE

AUBIN IMPRIMEUR À LIGUGÉ (5-94)
D.L. 2e TR. 1969. N° 2363-10 (L 45353)

AUX MÊMES ÉDITIONS

MARCELLE AUCLAIR, A la grâce de Dieu
La Joie par l'Evangile
HANS URS VON BALTHASAR, Le Chrétien Bernanos
Elisabeth de la Trinité et sa mission spirituelle
JEAN-CLAUDE BARREAU, L'Aujourd'hui des Evangiles
La Foi d'un païen
La Reconnaissance, ou Qu'est-ce que la foi ?
GILLES BECQUET, Lecture d'Evangiles (Années A, B et C)
TREVOR BEESON, Prudence et Courage (La situation religieuse en Russie et en Europe de l'Est)
BERNARD BESRET, De Commencement en commencement
Métropolite ANTOINE BLOOM, L'Ecole de la prière
Voyage spirituel
PHILIPPE BOITEL, Lieux d'Eglise
ROGER BOUTEFEU, Je reste un barbare
Journal du barbare
PETER BROWN, La Vie de saint Augustin
MICHEL DE CERTEAU et JEAN-MARIE DOMENACH, Le Christianisme éclaté
JEAN COLSON, Paul apôtre martyr
CHARLES COMBALUZIER, Dieu demain
HARVEY COX, La Fête des fous
La Séduction de l'esprit
MADELEINE DELBREL, Nous autres, gens des rues
La Joie de croire,
Communautés selon l'Evangile
CHARLES HAROLD DODD, Le Fondateur du Christianisme
DIMITRI DOUDKO, L'Espérance qui est en nous
Maître ECKHART, Les Traités
Sermons (*)
LOUIS EVELY, La Prière de l'homme moderne
FYNN, Anna et Mister God
RAYMOND GARNIER, L'Affaire de Trouhans
H. GOLLWITZER, Un autre te mènera
ALAIN GUILLERMOU, La Vie de saint Ignace de Loyola
BRUCE KENRICK, La Sortie du désert
ABRAHAM HESCHEL, Dieu en quête de l'homme
MICHEL LAFON, Le Père Peyriguère
Frère LAURENT DE LA RÉSURRECTION, L'Expérience de la présence de Dieu
RENÉ LAURENTIN, L'Evangélisation après le 4e Synode
JACQUES LECLERCQ, Le Jour de l'Homme
PAUL EVDOKIMOV, L'amour fou de Dieu

Henri Le Saux, La Rencontre de l'hindouisme et du christianisme
Une messe aux sources du Gange
Georges-Alain Maillard, Ils cherchent leur visage
André Manaranche, Je crois en Jésus-Christ aujourd'hui
L'Existence chrétienne
L'Esprit et la Femme
Ceci est mon corps
Celui qui vient
Maurice Maupilier, Le Yoya et l'homme d'Occident
André Méhat, Comment peut-on être charismatique ?
Thomas Merton, Le Nouvel homme
Jürgen Moltmann, L'Espérance en action
Conversion à l'avenir
Malcolm Muggeridge, Mère Teresa de Calcutta
Marc Oraison, Le Mystère humain de la sexualité
La Culpabilité
Le Temps des alibis
Raimundo Panikkar, Le Culte et l'homme séculier
Itinéraire d'Henri Perrin, prêtre-ouvrier
Albert Peyriguère, Le Temps de Nazareth
Jean Ploussard, Carnet de route
France Quéré, La Femme avenir
Dénument de l'espérance
John A. T. Robinson, La Différence du chrétien aujourd'hui
René Simon, Fonder la morale
Jean-François Six, La Véritable enfance de Thérèse de Lisieux
Thérèse de Lisieux au Carmel
La Prière et l'espérance
Robert Solé, Les Nouveaux chrétiens
Mère Teresa de Calcutta, La Joie du don
Claude Tresmontant, Sciences de l'univers et problèmes métaphysiques
Introduction à la théologie chrétienne
La Doctrine morale des prophètes d'Israël
Les Idées maîtresses de la métaphysique chrétienne
Comment se pose aujourd'hui le problème de l'existence de Dieu
L'Enseignement de Ieschoua de Nazareth
Antoine Vergote, Interprétation du langage religieux
W. A. Visser 't Hooft, Le Temps du rassemblement
Gordon Zahn, Un témoin solitaire, vie et mort de Franz Jägerstätter
La Bible, traduction, introduction et notes par Emile Osty et Joseph Trinquet